私募股权投资基金协同机制研究

Coordination Mechanism Research of Private Equity Funds

朱顺泉 著

人民出版社

国家社科基金后期资助项目
出版说明

后期资助项目是国家社科基金项目主要类别之一,旨在鼓励广大人文社会科学工作者潜心治学,扎实研究,多出优秀成果,进一步发挥国家社科基金在繁荣发展哲学社会科学中的示范引导作用。后期资助项目主要资助已基本完成且尚未出版的人文社会科学基础研究的优秀学术成果,以资助学术专著为主,也资助少量学术价值较高的资料汇编和学术含量较高的工具书。为扩大后期资助项目的学术影响,促进成果转化,全国哲学社会科学规划办公室按照"统一设计、统一标识、统一版式、形成系列"的总体要求,组织出版国家社科基金后期资助项目成果。

全国哲学社会科学规划办公室

2014 年 7 月

前　言

　　私募股权资本是指那些对非上市企业进行股权投资,并为被投资企业提供增值服务,获得价值增值后,通过上市或转让的方式出售股权退出从而实现投资盈利的资本。它以对投资企业提供合理价值判断及经常性的增值服务为本质,具有投资的长期性、非流动性、信息的非对称性、管理服务性、投资风险高和预期收益高等特点。它既是为中小企业服务的金融工具,又是为科技型企业、科技产业服务的科技金融工具。

　　私募股权投资(Private Equity,简称PE)是近年来发展相当迅猛的行业,目前已成为仅次于银行贷款、公开上市的重要投融资工具和手段。与传统投资不同,私募股权投资不仅是资本市场中的重要成员,还提供了资金管理和投资管理的专业服务,即把资本和管理联系在一起。因此,它是目前经济管理领域中具有巨大发展潜力的创新商业模式。

　　私募股权投资在近些年得到迅速发展,既是由于资本逐利的天性,也有全球经济高度融合、国际资本快速流动、金融创新以及高科技高速发展等原因。同时,私募股权投资既是解决中小企业融资困难的重要手段,又符合社会化分工的原则。此外,私募股权投资在推动产业结构调整、促进产业升级、推动知识经济的发展、培育高新技术企业等方面都具有不可忽视的重要作用。

　　目前市场上已有一些关于私募股权投资方面的书籍,大多侧重于某一方面,或者是关于法律方面的,或者是关于运作流程方面的。本书侧重于私募股权投资基金协同机制的研究,旨在为新兴私募股权市场的各类行为主体制定政策及其金融经济实践提供理论上的依据;在综合国内外私募股权现有研究成果的基础上,应用博弈论、信息经济学、委托代理、公司理财、投资学等理论、方法与原理,建立有限合伙制模型、报酬机制模型、声誉机制模型、分段投资决策模型、期权机制模型等;针对基金投资人、债权人、基金管理人、投资对象(目标企业家)等行为主体,提出我国私募股权投资基金的现实问题与解决方案,以确保理论与应用研究紧密结合。

　　本书的内容是这样安排的:第一章研究私募股权投资的意义与国内外现状;第二章研究私募股权投资基金的组织管理形式;第三章研究有限合伙制下投资者与基金管理人的报酬协同机制;第四章研究投资者与基金管理

人的声誉协同机制;第五章研究集中支付情况下基金管理人与投资对象报酬协同机制;第六章研究隐性支付情况下基金管理人与投资对象报酬协同机制;第七章研究连续支付情况下基金管理人与投资对象报酬协同机制;第八章研究债权人与并购基金管理人的协同机制研究;第九章研究基金管理人对投资对象的分段投资决策机制;第十章研究私募股权投资项目的期权特征、分类与应用;第十一章研究私募股权投资项目复合实物期权二项式定价及应用;第十二章研究私募股权投资项目的期权定价坐标图与市场进入策略;第十三章研究私募股权投资基金的现实问题、原因及建议。

　　本书为2013年国家社科基金后期资助研究项目(项目编号:13FJY013)最终成果和广东省软科学研究计划项目(项目编号:2013B070206062)的阶段性成果,可供投资学、金融学、金融工程、经济学、财务管理、工商管理、会计学、技术经济及管理、统计学、数量经济学、管理科学与工程、金融专业硕士以及MBA等专业的学生选用,也可为新兴私募股权市场的各类参与者,如私募股权投资基金公司、目标企业、政府宏观管理部门等提供参考和借鉴。书中不妥之处,恳请读者批评指正。

目　　录

第一章　导　　论

第一节　私募股权投资的理论意义和应用价值

进入 21 世纪以来,全球资本市场融资方式创新不断,私募股权(Private Equity,以下简称 PE)投资市场发展迅猛。中国改革开放与投资环境的不断完善,进一步促进了中国 PE 投资的发展,中国已经成为 PE 投资基金最为看好的市场之一,发展潜力巨大。在全球化背景下,中国企业如何利用 PE 投资基金转型与发展,PE 投资基金如何寻找优质中小企业投资项目来提高投资效益,这是个人与机构投资者、基金管理人、债权人、目标企业家和政策制定者等共同面临的巨大挑战。

党的十八大报告第四部分明确指出:要加快完善社会主义市场经济体制和加快转变经济发展方式;要鼓励、支持、引导非公有制经济发展,保证各种所有制经济依法平等使用生产要素、公平参与市场竞争;支持小微企业特别是科技型小微企业发展。中小企业融资难是一个世界性的难题,建立 PE 投资基金,能给中小企业发展提供所需要的关键资源,切实缓解中小企业特别是科技创新型中小企业融资难的问题,从而帮助企业迅速壮大。

PE 资本是指那些以非公开的方式从个人或机构投资者那里募集资金,对非上市企业或者上市公司进行杠杆收购并退市重组,进而为这些公司提供增值服务,待时机成熟后,通过公开上市、股权交易、并购或管理层收购、清算等方式退出,从而实现增值获利的资本形式。它具有投资周期长、非流动、信息非对称、服务管理、高风险和高预期收益等特点。目前,PE 基金已成为仅次于银行贷款和公开上市的重要投融资工具和手段。与传统的投资不同,PE 投资不仅是资本市场中重要的组成部分,而且它还提供资金管理和投资管理等专业服务,即把资本和管理联系在一起。因此,它是目前金融财务领域中具有巨大发展潜力的创新模式。

PE 资本市场的发展既是出于资本逐利的天性,也有全球经济高度融合、国际资本快速流动、金融体系创新以及高科技高速发展等原因。它为目前中小企业融资难的问题提供了解决途径。另外,PE 投资在促进经济增长、增加社会就业、提升技术创新能力、促进社会产业重组升级等方面都具有不可忽视的重要意义。因此,它已受到各国政府的高度重视。

广义来说,PE 资本包括狭义的 PE 资本和创业资本(Venture Capital,简称 VC,又称风险资本、风险投资或创业投资)。VC 是指将资金投向有失败风险的高科技项目及其产品开发领域,以期在促进科学技术成果尽快商品化过程中获得高资本收益的一种投资行为。其本质是由职业风险投资家将资本投向新兴的、迅速发展的、有巨大竞争潜力的创业企业中的一种权益资本。它是科学技术创新的助推器,是一个国家兴旺发达的不竭动力。狭义来说,PE 资本主要用于企业的扩张、并购等成熟阶段,而 VC 则主要用于企业创立的早期阶段。本书中所说的 PE 资本是广义的。

VC 与狭义 PE 投资的区分如表 1-1 所示。

表 1-1　创业投资与狭义私募股权投资的区分

市场组成部分	狭义私募股权投资(PE)	创业投资(VC)
企业	企业已在市场上稳定,拥有成熟的产品和稳定的流动资金,并具有增长潜力	年轻的、创新型、发展迅猛的企业
投资人对企业管理的支持	低	高
投资期限	3—7 年	3—7 年
风险	可预见	高
企业发展阶段	成熟阶段	早期阶段
出资动机	企业扩张、并购、成果转化,过桥贷款和重振融资	起步、创立、早期

目前,PE 投资已受到了国内外学术界、实业界和政府部门等的广泛关注,作为金融市场的一个重要领域,PE 与 VC 在美国最为发达,至今已有数十年的发展历史。从企业和投资人的角度来看,PE 和 VC 既是一种融资工具,又是一种投资工具,基金是其最常见的投资方式。据资料统计,美国 PE 投资业对美国 GDP 的贡献达 30%以上,可见 PE 投资业对国民经济的重要作用。然而,创业板市场在我国建立时间还不长。2009 年 10 月 30 日,深圳交易所创业板首批 28 家上市公司股票顺利开盘,标志着我国创业板市场发展到一个新的阶段。

据 2014 年 2 月清科研究中心统计数据显示,2013 年,中国 PE 投资市场共新募集完成 349 只可投资于中国(不包括港澳台地区)的 PE 投资基金,募资金额共计 345.06 亿美元,数量较 2012 年略有下降,但金额同比增长 36.3%。从新募基金类型分析,房地产基金为 2013 年表现最抢眼的基金类型,数量与金额占比均超过总量的三成;从新募基金的币种来看,人民币基金数量仍然占据绝对优势,外币基金募集情况有所回落。与募资情况类似,2013年中国PE投资市场投资交易数量与2012年相比有小幅缩水,但投资金额同比增长23.7%,共发生PE投资案例660起,其中披露金额的602起案例共计投资244.83亿美元,房地产成为投资最活跃行业。2013年全年共发生退出案例228起,其中IPO退出均发生在境外市场,共计发生41起;并购退出发生62起,成为机构最主要退出方式,占全部退出数量的27.2%。

2014年4月,清科研究中心近日发布2014年第一季度中国PE投资市场数据统计结果。该数据显示:第一季度,中国新募集的PE投资基金共计33支,募资总额达到44.62亿美元;单支基金平均规模同比有所增大;房地产基金支数和募集金额下降较为明显;外币基金的募资总额超过人民币基金,占到第一季度基金募资总额的68.2%。投资方面,第一季度共发生117起投资事件,披露金额的97起投资事件涉及资金42.08亿美元;互联网等战略性新兴产业依然为主要投资行业,机械制造领域的投资表现抢眼,房地产行业投资在第一季度大幅下滑。受益于境内IPO开闸,退出起数呈现报复性反弹,共发生54起退出案例。

随着国内外PE投资的快速发展,它们对金融市场和中小企业的影响越来越大。因此,如何规范和监管PE基金公司、VC基金公司、中小企业以及创业资本市场等的交易行为,就成为广大投资人、基金管理人、债权人、金融监管部门和政府共同关注的焦点问题。

在PE基金退出中小企业前,如何系统地运用博弈论、信息经济学和委托代理理论,厘清PE投资基金各方的利益格局,调动各方的积极性,从而发挥PE投资基金对中小企业的作用,成为当前PE投资基金研究的重大课题,具有一定的理论意义和应用价值。

其理论意义在于:将经济学中的效用、委托代理、公司理财、投资学、金融工程等理论与我国PE投融资领域的实际问题结合起来,为基金管理人、基金债权人、目标企业家设计公平合理的报酬机制、声誉机制、分段投资机制,使基金管理人(General Partner)、基金债权人、目标企业家(Entrepreneur)时刻感受到激励的存在,最大限度地提高他们的工作热情,降低道德风险;进一步丰富公司理财、投资学、金融工程、博弈论与信息经济学等理论涉及我国PE与创业资本对中小企业作用的内容。

PE资本市场是一种将资本、管理和技术等要素紧密结合的金融创新市场,它把资本市场与货币市场、证券市场与产权市场、社会保险与商业保险及实体产业密切联系起来,加速和优化了社会资本循环,因此其应用价值主要有以下几方面:(1)PE 资本市场将剩余资金引导至实体经济,促进了企业发展和产业升级,进而促进了技术创新、经济增长和劳动就业的增加。(2)促进了储蓄向投资的转化。资本市场的功能是实现资源的优化配置,促进储蓄向投资的转化。PE 资本作为向机构投资者、富有家庭和个人提供高收益的投资品种,当然也不例外。更重要的是 PE 基金能够克服中小企业不能满足证券市场上市要求和银行借款要求的缺陷,解决了中小企业面临的资金困境。(3)PE 基金在提供资本的同时,还提供增值服务,这种服务为企业成长提供了有力支持。(4)PE 与创业资本也促进了中小企业发展。中小企业是促进经济发展和劳动就业的重要力量,PE 基金对中小企业的支持主要有:一是挑选具备发展前景的中小企业;二是能够最大限度地满足中小企业个性化的资金需求;三是能够为中小企业提供其发展所需要的关键资源,从而帮助企业迅速壮大,实现产业重组和经济转型升级。总之,PE 投资更专注于发掘企业的潜在价值并提供专业化的管理方式,对于促进经济增长和劳动就业、加快发展完善金融市场(疏通直接融资渠道,改善资本市场结构)、缓解中小企业融资难、推动产业重组和经济转型升级等具有重要的战略意义。

第二节　私募股权投资机制的国内外研究现状

一、私募股权投资机制的国外研究现状

基金管理人与目标企业家的机制设计是当今 PE 与创业投融资研究的前沿问题。国外该领域研究目前尚处在起步阶段。

（一）PE 投资基金的组织形式研究现状

从全球经验来看,PE 投资基金主要有公司制、有限合伙制和信托制三种组织形式,这些组织形式的存在以及发展状况主要取决于它们解决投资者和基金管理人之间的委托代理问题的效率。在不同的经济发展阶段,不同组织形式的存在都具有其合理性。国内外学者研究 PE 投资基金的组织结构主要采用了两种理论:一种是契约理论,另一种是信号选择理论。

1.契约理论

契约理论认为,投资者和基金管理人之间是契约关系,而且这种契约关系在一定条件下可以解决投资者和基金管理人之间的委托—代理问题,从而实现较强的激励约束机制。

Fama(1980)最先使用契约理论研究了 PE 投资基金的组织结构。他认为,时间可以解决激励问题,因为基金管理人的市场价值以及收入取决于其过去的经营业绩。从长期来看,基金管理人必须对自己的行为负有完全的责任。因此,即使没有显性激励合同,基金管理人也会有努力工作的积极性,因为这样做可以改进自己在基金管理人市场中的声誉,通过暂时牺牲初期的一些效用来获得未来投资期间内报酬的提高和筹资机会的便利。

Heinkel(1994)认为,在订立创业投资合约之前,基金管理人对于自身业务能力的了解优于外部投资者,在这种信息约束条件下,基金管理人的业务能力信息往往通过合约的具体订立得以明确反映。所以,投资者的事前分析对合约的订立具有重要的作用。

Gompers 和 Lerner(1998)认为,投资者与基金管理人之间的合约是处理代理问题的一种有效方法,投资者与基金管理人订立合约时,往往要求基金管理人具有甄选高质量可投资项目的能力和为项目增值的能力。这些能力也反映了基金管理人的业务水平。

2.信号选择理论

信号选择理论认为,投资者和基金管理人之间存在信息不对称,PE 投资基金管理人需要通过一些特殊机制,如 IPO 等,向投资者传递代表其能力的信号。

Gibbon(1992)认为,由于 PE 投资基金的运作特点,基金管理人的业务能力很难被投资者全面了解,投资者所知道的仅为其业务能力的一般分布,在这样的情况下,基金管理人的首期业绩将会成为其自身和外部投资者借以衡量其业务能力的依据。

Hellmann(1998)进一步指出,由于信息不对称,基金管理人和基金投资者之间存在一个学习的过程,成功的 IPO 成为反映 PE 投资基金管理人能力的一个重要信号,IPO 机制也成为基金管理人和基金投资者之间的信号传递机制。

基于契约理论和信号选择理论,Sahlman 和 William(1990)详细论述了 PE 基金的运作方式,指出了在 20 世纪 80 年代后,美国 PE 投资基金主要采用有限合伙制。全球金融财务系统委员会(2008)的研究成果也支持这个结论。

(二) 投资者与 PE 投资基金之间的机制研究现状

PE 基金的融资策略大致可分为股权融资和债务融资,不同的 PE 投资基金会偏好不同的融资策略。Ulf Axelson(2007)指出,PE 基金的融资模式与其投资特征相关,创业投资基金的资金一般是其合伙人的股本,而并购基金经常会采用一定程度的杠杆,即向银行或者其他机构借债。全球金融系统委员会(2008)在其总结性的报告《PE 与杠杆融资市场》中指出,一般合伙人(General Partner,简称 GP)投入的资本仅占基金资本总额的 1%—3%,其他大部分资本由有限合伙人(Limited Partner,简称 LP)提供;在并购基金中,通常还采用一定的财务杠杆。

Sahlman(1990)认为,建立合理的报酬机制,将 GP 的管理费用与资本利得相分离,使其收入与经营业绩高度相关,能够有效解决 LP 和 GP 的代理冲突。GP 会获得一个固定的年收入或者管理费用于支付日常运营费用等,通常管理费是 PE 投资基金整个出资额的 2%左右,利润分成是总利润的 20%左右。Ulf Axelson(2008)认为,GP 进行一系列的投资活动时,是不会把投资活动的具体细节告诉基金投资者的。相对于基金投资者,基金管理人更了解其所投资的项目。为取得 PE 基金的价值最大化,GP 会通过构建一个最优的 PE 投资基金资本结构,降低其投资失误和错过机会带来的损失,最终获得 PE 投资基金资金的价值最大化。

除了报酬激励外,声誉激励也是一个重要的激励机制。Gompers 和 Lerner(2001)指出,PE 投资基金存在的时间是有限的,因此,一个基金必须要建立起经过实践检验的可信记录,才能在未来的日子里募集到新基金,继续从事 PE 业务。良好的声誉可以帮助 GP 募集更大的基金,在利润分配上具有更大的谈判权,并获得更多更好的项目。

(三) PE 投资基金与债权人之间的机制研究现状

目前学者对 PE 投资基金研究一般局限于 GP 和 LP 之间、GP 与投资对象之间的协同机制,而对债权人与 PE 投资基金之间的协同机制涉及较少。随着 PE 投资基金中并购基金进行杠杆并购的规模越来越大,PE 投资基金举债的规模也越来越大。因此,研究债权人与 PE 投资基金之间的协同机制不容忽视。

Stromberg(2007)利用信息不对称模型探讨了并购。Hotchjiss(2007)发现当并购交易的融资较多来自银行贷款时,资本回报率会比较高。Kovner(2008)发现并购交易中,越多地使用杠杆,回报率和价值创造将越高。Axelson、Weishach 和 Wolfenzon(2007)的研究显示,并购的发展对于债务市场的状况反应非常灵敏,但该文献没有对负债条款进行具体的检验。

由于 GP 在基金中持有类似期权的权益,因此 Axelson 等(2007)估计并购基金中的 GP 对每一个项目都有动力尽可能地使用杠杆。但 Axelson 等(2007)认为,尽管上市公司的管理者有同样的动力来利用杠杆,但是他们不会这样做,因为股权的价格不是由上市公司管理者决定的,而是由公开市场投资者决定的。

（四）PE 投资基金与投资对象之间的机制研究现状

1.对投资对象的激励机制

投资对象管理人的报酬一般包括固定工资和股权,股权是投资对象管理人可参与企业利润的分配。Sahlman(1990)指出,相比于职业经理人的收入结构,投资对象管理人会接受较低的固定薪水。Baker 和 Gompers(1999)研究了投资对象 CEO 的报酬水平和决定因素,他们发现,获得 PE 投资基金投资对象 CEO 的固定薪水显著低于非 PE 基金投资企业 CEO 的薪金水平,但投资对象 CEO 的个人财富变动比率与股东权益变动比率的比值则非常高。

Gompers(1993)研究表明,投资对象管理人的收入报酬与其经营能力相关,可转换债券和股票期权的契约设计可以对投资对象管理人提供有效的激励并将企业管理层与 PE 投资基金管理人的潜在冲突最小化。企业管理层的收入少量来自工资,绝大部分来自股权的增值,这样就将企业管理层的利益与企业的增值联系起来。Kaplan 等(2000)发现,投资对象管理人的权益报酬比例是随投资对象经营状况的改善而提高的,即随着投资对象绩效增长,企业家的持股比例也相应增加。

Hellmann 等(2000)在调查了硅谷创业企业后发现,有创业资本支持的企业设计经理股票期权计划的比例是没有创业资本支持的投资对象的两倍,这表明权益报酬在有创业资本支持的创业企业中发挥更大的作用。

因此,为解决 PE 投资基金和投资对象之间的协同机制,PE 基金经理需要设计一种报酬机制来激励投资对象管理人,以使投资对象管理人与 PE 基金经理追求企业价值的最大化目标相一致。

2.对投资对象的约束机制

Sahlman(1994)对 98 位投资对象进行了实证研究,表明 PE 投资基金多倾向于选择可转换优先股做投资工具。Schmidt(1999)的模型提出,PE 投资基金使用可转换优先股进行现金流分配,从而解决了 PE 投资基金与投资对象双边道德风险问题。Bascha(2001)提出了可转换优先股理论,认为可转换优先股可以阻止投资对象管理人集中于短期行为。正确设计可转换优先股,企业家就失去了操作利润的动机,从而降低了代理风险,达到约束投资对象的目的。Schmidt(2003)在不完全契约下研究了双边道德风险问题,证明了可转换债券可以使得投资对象和 PE 基金均付出最优努力。

Sahlman(1990)提出 PE 投资基金周期性地提供创业资本,投资分为多个轮次,而每轮投资需要确保企业发展到下一个阶段。当需要提供下一阶段资金时,PE投资基金将根据获得的有关企业内外部的信息,重新评估企业的经营状况和发展潜力。所以,分段投资资本有助于PE投资基金不断获取投资对象的内部信息。

Gompers(1995)以实证的方式检测了分阶段投资是否可以解决PE投资基金和投资对象之间的委托代理问题,他认为,分阶段投资可以使PE投资基金获取项目发展的重要信息。

（五）近期国外文献的相关研究

Douglas(2010)在《创业风险资本》一书中阐述了美国创业风险资本的投资战略、结构和策略。Vladimir I.Ivanov和Fei Xie(2010)在其工作论文中研究了公司创业资本。Robert Dessi(2010)在其工作论文中研究了对基金管理人的监控,并提出了若干建议。Masako Ueda(2010)在其工作论文中研究了创业风险资本的创新。Henry Kressel和Thomas V.Lento(2010)在他们出版的著作中研究了数字时代创业风险资本动态市场的投资行为。Chris Gilchrist(2011)在Taxbriefs金融出版公司出版的一书中对2011—2012年全球的投资计划给出了可行的建议。Lorenzo Carver(2012)研究了创业资本的各类评估方法。Jan Viehig(2012)研究了来自投资银行的各类股权评估模型,如FFCF、WACC、LBO、DCF模型等。Richard Gottlieb(2013)在他出版的著作中详细地介绍了全球2205个PE公司和创业投资公司。David P.Stowell(2013)系统地论述了投资银行、对冲基金和PE投资的内在运作方式及其相互关系,研究了它们的业务运作、赢利模式在财富创造和风险管理中的独特角色以及并购基金、对冲基金、PE基金的流程。

Nahatu,R.(2008)研究了创业资本的声誉及投资业绩。Keusching(2009)研究了公共政策、创业资本和企业家金融。Striukoval和Rayna T.(2009)研究了公共创业资本的弱联系关系。Brander,J.和Du,Q.Q.(2010)为由政府发起的创业资本基金的效果提供了一个国际证据。Cumming,D.J.、Dai N.(2010)研究了创业资本投资的本地偏见。Gompers,P.A.、Kovner,A.和Lerner,J.等(2010)研究了创业企业家的持续业绩。Chen,H.、Gompers,P.和Kovner,A.等(2010)研究了创业资本的地域问题。H.Canada和C.Chung(2011)、S.Dai(2011)分别研究了小企业的容器规则和PE投资的策略。Lorenzo Carver(2012)研究了创业资本与PE基金的资金融资、投资、退出及新的边界。Harry Cendrowski和Louis,W.等(2012)研究了PE投资的历史、治理和运营。John Lerner(2012)研究了PE基金的筹集、结构、动机、退出、配置、风险、收益、对社会的影响等。Hill(2012)研究了投资运作管理对公司创业投资绩效的影响。

二、私募股权投资机制的国内研究现状

PE 投资与创业投资主体——基金管理人与目标企业家的激励机制一直是国内 PE 资本投融资理论界与实务界的热点问题之一，近年来有很多定性的研究结论，但相关的定量研究却不够深入。基金管理人对目标企业家的激励措施有：分阶段投资、股权和股票期权激励、赠股安排、退出机制、采用可转换优先股作为投资工具等。

冯宗宪、谈毅、邵丰（2000）对西方创业投资合约安排的微观理论进行了初步的系统综述，如投资者与基金管理人、基金管理人与目标企业家之间的激励合约安排，基金管理人与目标企业家之间应签订可转换优先股的合约以转移风险，但没有提出具有可行性的定量分析的合约模型。陈伟、蔡云（2001）应用经济增加值（EVA）模型对目标企业进行了价值评估。陈书建、徐玖平（2002）总结了分阶段投资、市场声誉激励、股权设置等激励措施。

基金管理人对企业管理层的赠股激励也是创业资本投资的一种常见的激励方案。唐翰岫、李湛（2001）定量分析了当前美国目标企业的激励机制，给出了目标企业家的最优努力水平，并指出这种激励机制的不足，针对这种不足，提出了一种新的激励机制方案。张汉江、陈收、刘洋（2001）介绍了风险资本投资以及分段投资的概念及特征，建立了各个不同的投资阶段基金管理人和目标企业家之间的激励模型，得出了基金管理人在目标企业中所占股权不能超过 50%且在随后的发展阶段越来越小等有意义的结论。刘正林（2002）建立了一个赠股激励模型，给出了参数估计的方法，并指出最佳的赠股比例。张帏、姜彦福、陈耀（2002）等人认为：恰当的制度安排能够降低代理成本和风险，一方面，基金管理人严格筛选高层管理团队，对他们采用强约束和适当的激励，并积极参与目标企业的管理，提供增值服务；另一方面，目标企业普遍采用全员持股这种组织激励方式。风险资本投资机制将激励、监督与风险分担有机地结合在一起，从而大大缓解了风险投资中的委托代理问题。

目标企业家的行为可能偏离基金管理人的目标，使基金管理人的利益受到损失，这就形成了所谓的委托代理的道德风险。因此，需要设计有效的制度来降低 PE 资本投融资中委托代理的道德风险，以保证目标企业的经营活动不损害基金管理人的利益。PE 资本投融资的出现有力地推动了高科技成果的转化，但我国对这方面的相关研究尚停留在宏观层面。冯宗宪、谈毅（2000）等参阅国外文献后，力图对国外 PE 资本投资合约安排的微观理论进行初步的系统评述，并在此基础上对国内的 PE 资本投资合约机制

的有效建立提出一些合理化建议。叶克林等(2000)着重论述了经理人期权报酬制度的运行机制、理论基础和主要作用,并据此深入探讨我国经理人报酬制度创新面临的现实障碍与政策选择。胡海峰(2002)对创业资本投资过程中的契约安排进行了研究。谈毅等(2003)对我国风险资本市场的行为团体及其特征进行了分析。王建安(2004)对风险投资家的委托人职能——选项、签约和监管进行了较深入的研究。陈婷(2005)对我国风险投资存在的问题及对策进行了评述。邓谷亮(2007)对我国风险投资的发展提出了一些看法。

张立新、王青建(2006)认为,在基金投资人对基金管理人的能力和行为不能准确了解的情况下,为了减少风险投资家的道德风险和逆向选择,最优激励契约能使高能力风险投资家乐于选择具有高强度激励、低固定收入和风险小的项目,同时又能激励其签约后更加努力工作。

于逢良(2006)认为,在比较有限合伙制、契约制和公司制基金的组织形态之后,发现有限合伙制在其自身和现实发展状况方面,都是最理想的风险投资机构形态。他同时认为有限合伙人和基金管理人之间的分工,使有限合伙制能够建立有效的激励和约束机制,从而有效解决信息不对称带来的委托人与代理人之间的逆向选择和道德风险问题。

张晓晴(2006)对有限合伙制进行了历史考察,在对其激励和约束机制的基础上,认为有限合伙制能够有效解决投资者与创业投资家之间的委托代理关系,将成为我国创业投资公司组织形式创新的主要方向。同时,她还分析了有限合伙制在我国应用的有利条件,并指出有限合伙制在我国实施还存在法律条件缺失、市场条件不成熟、缺少创业投资家和投资主体缺乏有效约束等方面的障碍。

童汉飞、林丽梅(2007)通过对私募(股权)基金的分配模式进行分析,发现有限合伙制组织形式下的保底分成、固定比例分成的收益分配模式比其他组织形式采取固定管理费率更能有效地降低委托代理关系中的道德风险和逆向选择问题,使基金管理人更趋向于从基金投资人的利益出发来考虑自身的效应最大化,并提出在保底分成和固定比例分成的基础上,进一步采用超额累进制比例分配方案进行完善的建议。

姚佐文等(2008)认为,在重复博弈的情况下,风险投资家必然要在第一个基金中努力工作以建立声誉,尤其是对年轻的风险投资家而言。在有限合伙制风险投资公司中,除有限合伙法的制约(合伙人的法律职责、基金的固定期限等)和投资者通过合约对风险投资家的一些投资制约(投资范围、投资规模和投资行为等)外,风险投资家薪酬安排(固定与可变收入)的激励作用至关重要。由于有限合伙组织结构的特点,使得声誉成为决定风险投资家能否顺利地以低成本筹集到资金的关键,当声誉能够准确地通过市场反映出来,而且风险投资家对自己的声誉越重视,激励作用就越强。张新立(2008)应用博弈论和代理理论部分地解决了投资者和基金管理人、基金管理人与企业家之间的合约机理。

此外,陈玮(2009)认为,基金投资人应根据自己的能力和偏好来自由选择基金组织形式,有限合伙制和公司制能够同时存在、共同发展。邵红霞(2009)认为:有限合伙制和公司制是 PE/VC 基金自愿选择的组织形式,也是国外成熟市场 PE/VC 基金的两种主要形式。凡是存在的,都有其合理性;组织形式没有优劣之分,只有实践操作中的差异。王守仁(2009)认为,有限合伙制基金在运作过程中出现了一定的障碍,主要原因是:中国是大陆法系国家,企业法律体系不同于英美法系国家,我国实行优先合伙制面临的法律障碍是美国的《个人破产法》、《无限责任法》。我国目前尚未建立个人财产登记制度,现阶段 PE 基金应主要实行公司制。刘荷琼(2009)研究了我国中小高新技术企业风险投资中的逆向选择与道德风险问题。

刘萍萍(2010)研究了基金管理人与企业家的人力资本特性及其相互关系。

谢琳(2011)在创业风险投资与经济增长之间的关系基础上,利用Granger 因果检验,发现了创业风险投资是经济增长的 Granger 原因。

赖继红(2012)通过构建具有 PE 投资背景企业相关行为人的效用理论模型,分析了企业家创业与创新动机、PE 投资对企业创新与发展的影响以及产生的社会经济效应。研究表明:企业家与 PE 投资均会通过促进创新来促进企业增长,提高自身效用,从而在行业层面上实现收入、税赋和就业的增长;但 PE 投资对企业创新影响微弱,故在我国尚未形成 PE 投资促进创新进而促进经济发展的有效机制。

孙俊等(2013)对 PE 投资作用于区域产业结构升级、经济增长方式转变的推动效应进行了客观研判。研究发现:战略性新兴产业和现代服务业成为 PE 基金的热门投资领域,PE 投资基金对战略性新兴产业呈现出"高频率匹配低金额"的投资特点。PE 投资基金的行业投向能够与长三角地区经济转型升级的方向保持较高的一致性,但其对于区域经济转型升级的推动效应仍未完全释放。熊维勤(2013)介绍了公共资本在创业投资中的作用和定位,研究了引导基金模式下对私人资本的激励机制、政府公共政策对创业引导基金运作效率的影响、引导基金模式下对创业投资家的激励机制、基于委托代理的创业投资家和创业企业家激励机制等内容。李姚矿

(2013)系统论述了美洲、欧洲、亚洲等国对如何促进天使投资的政策措施进行了系统比较,并对中国天使投资运作模式进行了探讨。殷林森(2013)应用委托代理理论对创业投资的道德风险进行了优化设计研究。

陆方舟等人(2014)发现:投资目标与投资企业价值无显著的相关关系,而不同模式所创造的投资价值之间存在显著差异,投资目标、投资模式与企业价值存在交互影响。方红艳、付军(2014)发现:VC/PE越年轻,投资期间越短,被投资企业越年轻以及股市行情越好时,通过 IPO 退出的概率越大。

三、私募股权投资研究述评

综合国内外文献,可以发现,目前对 PE 投资的研究还存在以下问题:(1)以描述性居多,以介绍 PE 投资的概况和基本流程为主,进行深入以及运用数理模型进行定量分析较少;(2)目前研究大多数是描述合伙制下 PE 投资基金的协同机制,虽然从历史发展和现有情况来看,有限合伙制在实际操作中明显多于公司制,但却没有文献在理论上证明,在解决它们协同机制的问题上,有限合伙制在制度设计上为什么优于公司制;(3)目前的研究大都是研究 PE 基金中创业投资基金的委托代理关系,对于 PE 投资基金的其他形式(如并购基金和房地产基金等)则研究很少,然而在实践中,国际上杠杆并购基金的规模和影响力已远远超过创业投资基金,中国的并购基金业开始起步,因此,忽视并购基金和房地产基金的研究是不客观、不严谨的。因此,研究的深度不够,缺乏对企业运行机制方面的微观分析和系统体系的深入研究。

第三节　私募股权投资项目实物期权的国内外研究现状

一、私募股权投资项目实物期权的国外研究现状

在国外,Copeland(1992)等根据投资项目在实物期权中的管理灵活性的不同,将实物期权分为七大类:延迟期权、阶段投资期权、改变经营规模期权、多个交互期权、转换期权、增长期权以及放弃期权。

在延迟期权方面,Henry(1974)指出延迟投资的原因包括产业进入壁垒及等待新的信息。另外,政府的法令限制及专利权的保护,也会使投资者缺乏牌照或技术而推迟投资。McDonald 和 Siegel(1996)讨论了当企业建厂时,面对不确定性环境下投资时机的问题。他们认为,企业在投资决策时,

如果可以等待更多的投资信息再决定是否进行投资,那么这种等待的过程将会创造等待价值,从而增加投资价值。Paddock 等(1988)讨论了离岸石油开采租约的问题,并引入美式买入期权为这种租约建立定价模型,研究了推迟开采情况下的租约价值。Ingersoll 和 Ross(1992)认为利率的不确定性对公司投资计划的价值影响很大,投资者可以推迟投资项目的执行,等待未来利率下降时获得推迟投资的期权价值。

在阶段投资期权方面,Majd 和 Pindyck(1987)认为,拥有阶段投资期权使公司分阶段进行投资。在项目投资比较大时,不需要一次性完成所有资金的注入,而可以在每一阶段完成之后,再根据当时的具体情况判断此项目的下一步投资决策——或继续投资,或放弃项目,或转作他用,或推迟投资。他们研究了这种多阶段投资可以随时撤资的期权,并提出了评估模型,同时分析了可延迟但不可恢复的多阶段投资计划的价值。

在改变经营规模期权方面,Brennan 和 Schwartz(1985)研究了以采矿业为代表的自然资源项目,通过引入连续讨论和随机控制等实物期权方法分析了开发、管理以及放弃这些项目的最优决策问题。他们还指出,这种实物期权方法也适用于其他自然资源行业中的不确定性项目的评估。Pindyck(1988)考察了需求曲线随时间随机变化时,即面临不确定未来需求情况下,企业生产能力的逐步最优投资决策。他认为,不确定性和不可逆性影响了企业的期权价值,从而影响了企业的最优生产能力和市场价值。因此,在市场剧烈波动的情况下,考虑到投资的不可逆性以及未来需求的不可知性,企业应该尽可能降低生产规模。

在转换期权方面,Kensinger(1987)假设输入(原料)与输出(产品)的价格服从二项分布,讨论了单一转换(输入与输出只有一种)与多重转换模式情况下,所带来的项目价值。

在增长期权方面,Kogut(1991)考察了一个合资企业在未来技术和市场发生变化时的增长期权价值,通过对 92 个生产型合资企业的实证分析认为企业并购活动可以看作是增长期权的执行。

在多个交互期权方面,Brennan 和 Schwartz(1985)研究了转换期权和放弃期权混合的项目价值。他们认为,来源于转换期权的部分不可逆性可能会造成一种惯性,使得目前的状况为长期最优,从现金流量来看可能存在短期进行项目状态改变的必要性。

在放弃期权方面,Berger 等(1996)分析了投资者对于退出期权的评价,并通过实证研究了放弃期权对整个企业价值的影响,Clark 和 Rousseau(2002)认为不应该只考虑单个项目的放弃期权价值,而应该将其作为一种通用战略管理的手段。他们指出,项目残值的预期增长率、波动性以及两者与项目收益率之间的关系决定了放弃期权的价值。Metrick(2011)研究了高科技领域的投资风险、回报、估值、实物期权定价和资本结构等。

经过数十年的发展,实物期权现已被广泛应用于自然资源、不动产、研究与开发、竞争与企业战略、企业价值评估等领域。

二、私募股权投资项目实物期权的国内研究现状

在国内,沈厚才(1998)、戴和忠(2000)、赵国忻(2000)等人分别从不同角度研究了实物期权在研究与发展(R&D)投资决策中的应用;范龙振等人(2001)研究了投资机会的价值、经营柔性与投资决策,建立了自己的模型,进行了模型的求解与分析;简志宏、李楚霖(2002)研究了高新技术产业的实物期权;任达、安瑛晖、张维(2001,2008)从博弈的角度研究了期权,并对实物期权方法在项目投资中的应用进行了分析。

邹辉霞(2009)研究了基于实物期权的单个风险投资项目的决策模型,尝试了运用前景理论的思想,建立了基于投资者行为的风险投资最优组合模型。蒋贤锋(2010)考虑到城市相对工资的非连续变化特征,借鉴实物期权思想建立了二部门、三部门及四部门经济中跳跃扩散过程下的农村和城市间劳动力流动模型。结论表明:劳动力在部门之间转移成本越大,劳动力越不愿意在部门之间转移。罗建强(2011)利用实物期权的思想,划分了延迟策略实施过程中存在的期权种类,构建了延迟期权的投资决策模型。苑斌(2011)提出了基于实物期权的目标企业价值评估法。研究表明,此方法更能接近目标企业的实际价值。梁兴超(2012)构建了基于双寡头垄断市场框架下物流地产开发决策的实物期权模型,研究了在考虑开发建设成本与时间条件下最优开发规模与时机问题。鲁皓(2012)以新兴技术项目投资为背景,修改了实物期权理论中投资机会永生和资产价格随机游走的假设,建立了新兴技术项目的实物期权定价模型;给出了新兴技术项目最佳投资时机和投资规模的表达式,并以此为基础进一步探讨了风险和投资时限对投资时机和投资规模的影响规律。齐美然(2013)应用模糊期权定价理论研究了专利的价值评估。何江鸿(2014)研究了税收行为中的实物期权的特征、价值及作用。

总体来看,国内学者对实物期权的投资决策应用进行了一些研究,取得了一定成果,但还没有建立一个完善的实物期权评价框架,也没有建立起实际应用前景的模型,更没有将实物期权广泛地推广到实际企业中去。因此,以期权定价理论为基础去评价目标企业的应用在我国还有很长的路要走。

第四节　中外私募股权投资基金差异比较

由国内外文献可知,中外 PE 投资基金(含创业投资基金)存在一定差异。

一、资金来源不同

从资金来源上看,国外 PE 投资基金的主要资金来源是机构投资者,但中国 PE 投资基金的主要资金来源是外资机构投资者和境内个人投资者。因此,中国 PE 投资基金的募集更多的是借助私人银行、第三方理财顾问和信托等渠道,而不像国外去拜访大机构投资者。

二、运作模式不同

房地产基金在国外和中国的运作模式有一定的差异。在美国市场上,私募房地产基金的投资对象主要是房地产的产权,其收益来自房产产生的租金或出售房产得到的现金。而在中国,私募房地产基金则主要投资于房地产开发项目的股权、债权或两者的混合。

三、行业主流不同

从 PE 投资基金行业的主流来看,在国外 PE 市场上,杠杆并购基金、房地产基金是行业的主流;但在中国 PE 市场上,2013 年以前,PE 投资基金主要是创业投资基金、成长基金。因此,中国基金管理人更加强调关系营销,而国际同行则更强调财务、税务和法律方面的技能。2013 年以后,由于中国城镇化建设政策的推进,我国 PE 投资基金的重心逐步开始向杠杆并购基金和房地产基金转移。清科研究中心 2013 年 11 月的统计数据披露:2013 年三季度共有 42 支可投资于中国内地的 PE 投资基金完成募集,其中披露金额的 38 支基金共计募集 41.46 亿美元,虽然较去年同比仍有较大降幅,但募集数量与募集金额分别环比增长 23.5% 和 32.1%,市场出现利好信号。募资环比增长主要得益于中国当前城镇化建设的推进,在目前城镇化的大背景下,资金向基础设施建设、房地产行业的涌入加速。从新募基金类型角度分析,42 支新基金中,有 19 支为成长基金,披露募资金额的 17 支共计募集 7.33 亿美元,占 17.7%。房地产基金的募集依旧活跃,三季度募集完成 13 支房地产基金,披露金额的 11 支共计到位 23.96 亿美元,占 57.8%;并购基金 3 支,涉及金额 3.7935 亿美元,占 9.2%。

四、投融资方式不同

在小企业投资公司计划(SBIC)中,美国一般不提供杠杆融资,而只是为项目筹资进行担保,这样既保证了小企业投资公司的资金来源,有利于小企业投资公司能够长期给小企业提供股权资本支持。修改后的SBIC调整了小企业投资公司的资本支持,并提高了资质要求,从而保证了小企业投资公司具有起码的规模管理效应、专家管理水平和抗风险能力。相反,在中国这样一个靠银行支持的体系中实施投资是很困难的。尤其是对于早期的高风险公司的融资来说,中国引导基金计划的合同和公司管理标准并不足以保护投资者,创业投资家的低风险将导致其努力程度不够。

五、资本来源不同

美国金融体系主要由联邦储备银行系统、商业银行系统和非银行金融机构三部分组成,且以美国联邦储备银行为主导,在这样一个经济强国中,创业投资资本来源十分广泛。捐赠基金、公司、个人、保险公司和国外资本等成为SBIC强有力的后援,也是引导基金主要带动的目标资金;美国高技术创业公司很多,这有利于小企业投资公司选择潜力高的创业公司进行投资,保证投资质量。而中国的银行在整个经济运行中占有统治地位,中国政府实施的一系列促进创业投资发展的政策都离不开银行的参与,而民间资本进入创业投资领域相对薄弱。

六、文 化 差 异

美国公民追求个人成就感,具有强烈的创业、风险意识,政府更是支持个人创业,并提供优惠政策。相反,中国则是一个比较保守的国家,公民更习惯追求稳定的工作和稳定的收入,他们对PE投资和创业投资带有一定的偏见。

第五节　研 究 内 容

本书在前人研究成果的基础上,分析国内外PE投资机制的现状,以我国投资者、基金管理人与目标企业家面临的现实问题为导向,结合效用理论、博弈论、委托代理理论、公司理财理论、现代投资理论等,试图在回答PE投资基金组织形式的基础上,从基金投资人、基金管理人、目标企业家的报酬机制、声誉机制、分段投资决策机制等出发,分别构建出符合我国国情的基金投资人与基金管理人、基金管理人与债权人、基金管理人与目标企业家之间的报酬机制合约模型、声誉模型、分段投资决策模型、期权定价机制等，以降低其道德风险。

PE 投资基金四个行为主体之间的协同关系如图 1-1 所示。

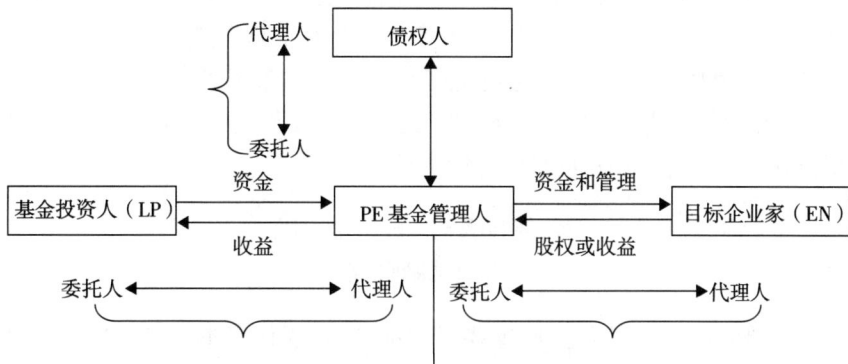

图 1-1 私募股权投资基金中的委托代理关系

一、私募股权投资基金的组织形式研究

经过几十年的发展,有限合伙制成为 PE 基金的主要组织形式,那么有限合伙制的优越性到底体现在何处? 从本质上看,信托制的 PE 投资基金最终仍可归结为有限合伙制或者公司制。因此,如何解释有限合伙制能比公司制更好地解决 PE 投资基金中的委托代理问题,是我们面临的首要问题。本部分通过分析 5 个案例,为设立有限合伙制 PE 基金提供借鉴与启示。

二、基金投资人与基金管理人之间的报酬与声誉协同机制研究

在基金投资人与基金管理人之间的委托代理中,结合我国国情尤其是广东的实际情况,在找出报酬激励和风险约束条件的基础上,以有限合伙制为基金的组织形式,建立基金投资人与基金管理人之间的报酬机制合约优化模型,求出在基金管理人的最佳努力水平下,基金投资人愿意支付给基金管理人的基金利润的最优比例,进而从报酬激励和风险承担的角度分析对基金管理人的激励,以降低其道德风险。

声誉模型是旨在表明声誉对人决策行为的影响以及声誉机制作用机理的经济学模型。企业家(代理人)的机会主义行为在现实中可以用"时间"

解决。在竞争的经理人市场上,经理人的市场价值取决于其过去的经营绩效。从长期来看,经理人必须对自己的行为负完全责任。因此,即使没有显性激励合约,经理人也有努力工作的积极性,因为这样做可以改进自己在经理人市场上的声誉,从而提高未来的收入。LP 和 GP 之间的交易可以看作是双方博弈的过程。由于没有强制信息披露的要求,PE 市场相对来说是一个信息极不对称的市场,GP 是信息优势方,LP 是信息劣势方。但是由于专业化的 GP 市场的出现,有效地降低了信息不对称带来的逆向选择和道德风险。而在此过程中,GP 的声誉效应起到了重要作用,对 GP 形成有效的激励和约束。我们将通过模型对其加以解释。

三、债权人与 PE 基金之间
的协调机制研究

并购基金作为 PE 基金的重要组成部分,在现代资本市场中的重要性越来越显著。与创业投资基金不同的是,并购基金往往会使用杠杆。并购基金在为并购进行借债时,由于信息不对称的存在,并购基金和债权人之间存在着委托—代理问题。根据委托—代理关系理论,在借债过程中,债权人是委托人,并购基金经理是代理人。由于债权人和并购基金经理之间存在信息不对称,并购基金管理人会因为个人利益而产生逆向选择和道德风险。为减少债权人与 PE 基金经理之间的委托代理问题,债权人需要对 PE 基金经理进行激励和约束。为了清楚、准确地研究这个问题,我们通过建立债权人与 PE 基金经理的预期收益模型,对债权人与 PE 基金经理的委托—代理关系的协同机制进行研究。

四、基金管理人与目标企业家
之间的报酬协同机制研究

在基金管理人和目标企业家之间的委托代理中,建立基金管理人和目标企业家之间的报酬机制合约优化模型,求出在目标企业家最佳的努力水平下,基金管理人愿意支付给目标企业家的企业利润最优比例;进而通过模型分析如何来降低目标企业家的道德风险,这是 LP 与 GP 之间报酬协同机制的基本思路。

按照这一基本思路,可考虑基金管理人与目标企业家之间的委托代理协同机制。

从模型上进一步分析,目标企业家需要有巨大的压力和较高的补偿。目标企业家不仅要获得固定报酬(工资),更要有与业绩相匹配的报酬,并要承担相应的风险,高收益对应着高风险。

五、基金管理人对目标企业家的分段投资决策机制研究

研究基金管理人对目标企业家实施分段投资时,需要构建分段投资决策机制模型,通过模型分析:为什么分段投资会减轻目标企业家的道德风险,目标企业家为什么会分段选择不同的努力水平。并通过案例,研究如何应用期权定价模型对中小企业进行分段投资决策。

六、私募股权投资基金的期权机制研究

分析 PE 投资项目的期权特征,给出各种实物期权分类与应用;研究二项式期权定价的实物期权在投资项目决策中的应用;同时研究 Black-Scholes 期权定价模型的坐标图与项目的市场进入策略。

七、私募股权投资的现实问题、原因与建议

从宏观、中观、微观三个角度,分析中国 PE 投资中存在的现实问题及产生问题的原因,并提出相应的建议。

第二章　私募股权投资基金的组织管理形式研究

第一节　私募股权投资基金的组织管理形式

基金是 PE 投资最常见的投资形式,其组织管理形式主要有公司制、信托制、有限合伙制三种。从本质上看,信托制的 PE 投资基金,最终仍可归结为有限合伙制或者公司制。

一、私募股权投资基金的公司制

公司制是由两个或两个以上的投资者(股东)共同出资组成具有独立主体资格的 PE 投资基金或者公司,包括有限责任公司或股份有限公司两种形式。公司制一般是各国 PE 市场初期所采用的组织形式。在公司制组织形式下,投资者购买公司股份成为股东,以其出资额为限对公司承担责任,由股东大会选出董事、监事,再由董事、监事投票委任某一投资治理公司来治理公司的资产,治理人收取资金治理费与效益激励费。这种基金股份的出售一般都委托专门的销售公司来进行。根据法律的限制,一般股东数目不多,但出资额都比较大。公司制基金架构如图 2-1 所示。

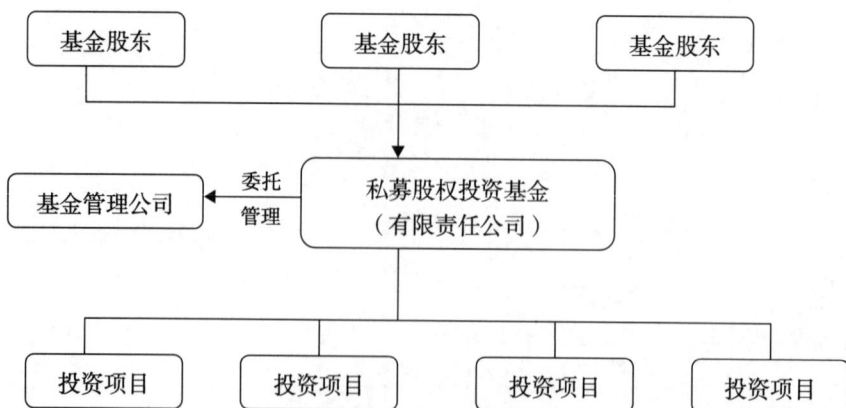

图 2-1　公司制基金架构

公司制 PE 投资基金可以采取开放式或封闭式两种形式,依发起人和投资者协商决定。开放式公司的注册资本每年在某个特定的时点重新登记一次,进行名义上的增资扩股或减资缩股。如有需要,出资人每年可在某一特定的时点将其出资赎回一次,在其他时间投资者之间进行股权协议转让。

公司制私募基金相比其他基金的一个优势是管理费用相对低廉,尤其是由内容团队管理的基金。它既有利于聚集社会广大的闲散资金,进行规模化投资运作,又有利于抵抗资本市场的投资风险,从而提高资本收益的回报率。例如,美国巴菲特的伯克夏·哈撒韦公司就是典型的公司制私募基金。但公司制私募基金的主要不足是双重纳税,即公司需要缴纳各种企业所得税,而投资者需就分红缴纳个人所得税。这在一定程度上既抑制了股东的投资积极性,又限制了股份投资公司的规模效应。因此,即便是上市的欧美私募基金,一般也会采用税收透明的信托或免税企业的形式,如后文介绍的黑石集团作为基金管理人上市也没有采用普通公司形式,而是采用了在上市公司中非常少见的有限合伙企业形式。

二、私募股权投资基金的信托制

在信托制形式下,投资者作为基金的委托人兼受益人参与投资,基金管理人则作为受托人,以自己的名义为基金持有人的利益行使基金财产权,并承担相应的受托人责任,如图 2-2 所示。

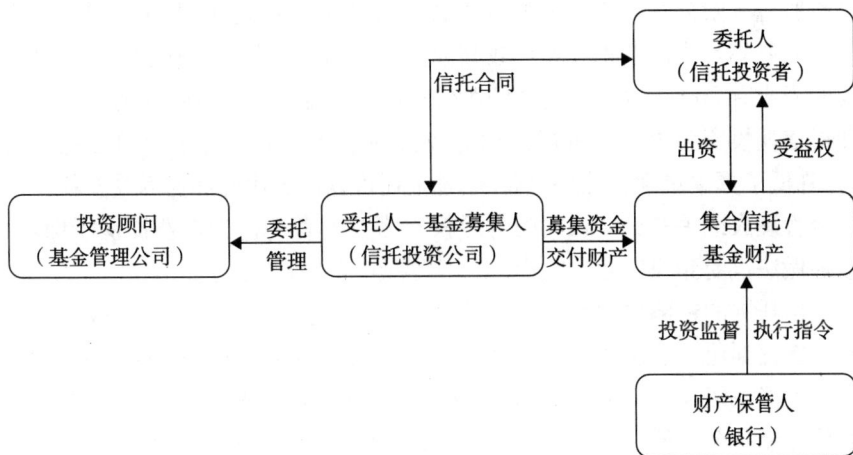

图 2-2　信托制基金架构一

在信托制基金中,基金管理人一般不具有信托牌照,因此实践中是以有牌照的信托公司作为受托人,基金管理人则作为共同受托人或投资顾问参与投资决策,如图 2-3 所示。

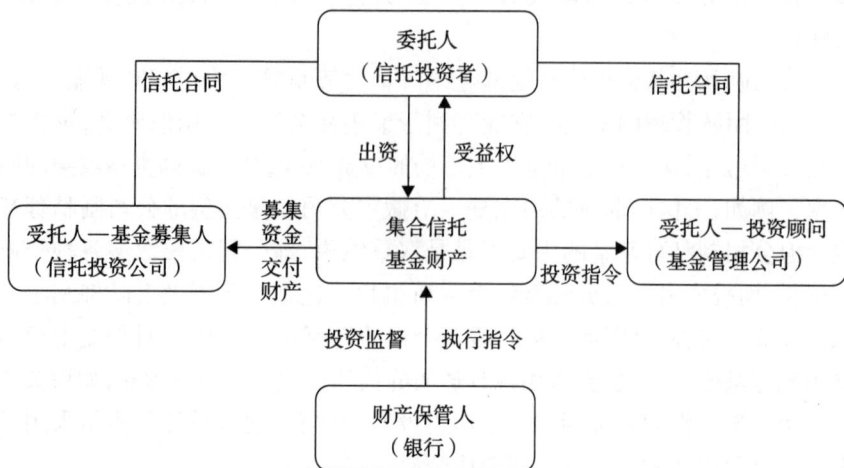

图 2-3 信托制基金架构二

信托制基金架构不是法人主体,因此,其投资收益是由委托人(投资者)自行缴纳,这一点优于公司制基金;同时信托的税收制度也相对完善,容易为投资者所理解。从募集角度来看,集合资金计划的投资者人数最多可以达到 200 人,而有限合伙企业及有限责任公司投资者的上限是 50 人。虽然股份有限公司理论上的投资人数可以超过 200 人,但中国超过 200 人以上的募集行为需获得证监会或其他监管机构的同意,否则就是非法集资。我国尚未有 200 人以上投资者的股份有限公司制基金。200 人的募集上限使得信托投资公司可以将规模相对较大的基金拆分成为小额单位进行发售,降低了募集难度。此外,信托制基金还可以设置优先和劣后受益权。由基金管理人或关联企业认购的劣后权益为投资者的优先权益提供了保障,这种做法也受到投资者的欢迎,进一步降低了募集难度。

信托制的缺陷也很明显。为募集便利,信托投资者的出资一般在募集时一次性到位。这事实上对基金管理人提高基金收益水平产生很大压力。如果不能在短期内完成投资部署,基金的整体收益水平将被现金头寸拉低。而信托制基金一般设定优先收益率(或保底收益率),如果投资者的年平均收益率低于该水平,则基金管理人无权获得利润分成。这一点对于基金管理人来说是非常不利的,渤海产业投资基金就是一个例子。该基金第一期在 2007 年 1 月募集完成,投资者总额达 60.8 亿元。但在其后的三年内,该基金披露的投资项目只有 3 个,分别是天津钢管、成都商业银行和奇瑞汽车,总投资金额 30 亿元。从这些数据来看,渤海产业投资基金的收益水平被 30 亿元的现金头寸拉低几乎是必然的。

三、私募股权投资基金的有限合伙制

合伙制(Partnership)是指企业由两个或两个以上的所有者共同享有企业权益资产的非公司制企业。

普通合伙制(General Partnership)在我国法律上是指企业由两个或两个以上的合伙人组成,各合伙人以自己个人的财产对合伙组织的债务承担无限连带责任的组织形式。

有限合伙制(Limited Partnership)源于英美法系,是普通合伙制中的一种组织形式。它是指由至少一个对 PE 投资享有全面治理权并对合伙的债务承担无限责任的普通合伙人,与至少一个不享有治理权但对合伙的债务仅以出资额为限承担责任的有限合伙人共同组成的合伙企业。在有限合伙制中,投资者扮演有限合伙人的角色,中介机构则扮演普通合伙人的角色,普通合伙人背后通常有一个治理公司。有限合伙通常有固定的存续期间(通常为十年),到期后(除非全体投资人一致同意延长期限外),合伙企业必须清算,并将获利分配给投资人。有限合伙人在将资金交给普通合伙人后,除了合同所订立的条件外,完全无法干涉普通合伙人的行为,普通合伙人享有充分的治理权。值得注意的是,国有独资公司、国有企业、上市公司及公益性的事业单位、社会团体不得成为普通合伙人。

目前,美国 80% 以上的 PE 投资采用了有限合伙的组织形式。但是,中国由于法律法规滞后,以前鲜有采用有限合伙组织形式的 PE 投资基金。2007 年,我国修订了《中华人民共和国合伙企业法》(以下简称《合伙企业法》),新的《合伙企业法》为有限合伙设立了专章,规定"有限合伙企业由普通合伙人和有限合伙人组成,普通合伙人对合伙企业债务承担无限连带责任,有限合伙人以其认缴的出资额为限对合伙企业债务承担责任"。

其实,在《合伙企业法》修订之前,我国有些地方政府就已经颁布了对有限合伙企业的地方法规。例如,杭州市政府和北京市政府于 2001 年就分别颁布了《杭州市有限合伙管理暂行办法》和《有限合伙管理办法》。2007 年 7 月,上海朱雀投资发展中心注册成立,成为上海市第一家合伙制私募机构。

有限合伙制的优点有避免双重征税、设立程序简单、有效的激励机制等。缺点包括:一是有限合伙私募产业基金没有取得合法的法人地位;二是有限合伙私募产业基金还必须面临开户问题;三是缺乏自然人破产制度的配套与基金经理责任合理化设计。

有限合伙制基金由普通合伙人和有限合伙人依据有限合伙协议共同设立,其中必须至少有一家为普通合伙人。普通合伙人对有限合伙人的债务承担无限连带责任,并对外代表基金执行合伙事务。虽然多数有限合伙基金只能以股权方式投资也不能举债投资,但基金仍可能因违约或其他债务责任导致普通合伙人被清算。为避免这一风险,基金管理人一般不直接担任普通合伙人。典型的操作方法是由基金管理人设立的全资子公司来担任普通合伙人,并且每设立一家新基金就成立一个新全资子公司或有限合伙企业作为普通合伙人。

普通合伙人与基金管理人签订管理合同,将基金投资决策服务委托给后者。固定管理费一般以优先利润的方式分配给普通合伙人。在有限合伙人拿回初始本金及优先收益之后,普通合伙人可以根据有限合伙协议获得管理分红。普通合伙人再将这些管理费和管理分红支付给基金管理人。美国的创业投资基金一般采用这种形式,如图 2-4 所示。

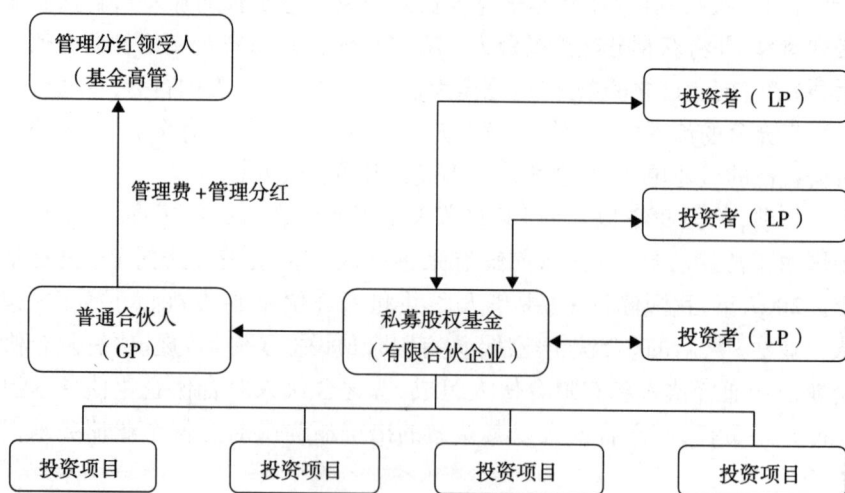

图 2-4　私募股权基金架构一

基金管理人也可能不直接领受管理分红,而由其高管设立的特殊目的机构(可以是有限合伙企业或其他免税主体)作为管理分红的领受人。管理分红领受人在基金中的身份也是有限合伙人。这种安排方式使基金管理人可以灵活安排管理分红的分配比例,而不受基金管理人本身的股份结构限制。英国和美国的并购基金一般采用这种形式,如图 2-5 所示。

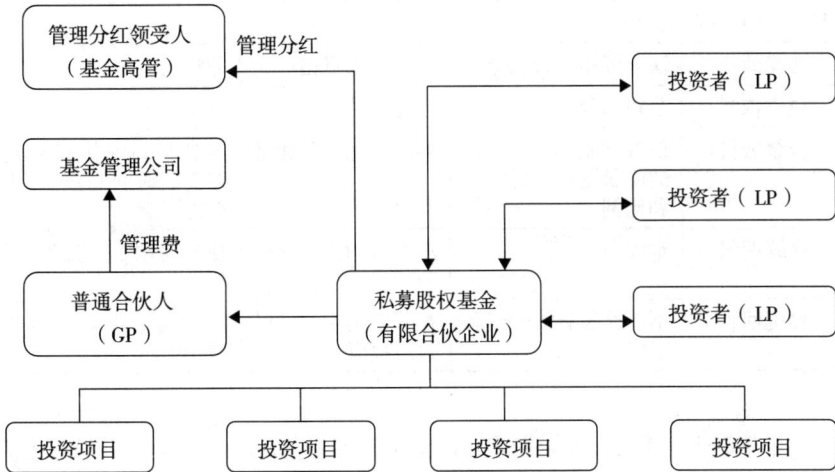

图 2-5　私募股权基金架构二

第二节　私募股权投资基金三种组织形式的比较

目前国际上,PE 投资基金通常采取三种组织形式:公司型、信托型、有限合伙型。具体到不同的国家,其 PE 投资采用怎样的组织形式又是各不相同的,这与该国的经济、政治、社会、法律制度等各方面的具体国情密切相连。例如,在欧美,主要为合伙制;对公司与合伙实行公平税负的国家(德国、澳大利亚)则以公司制居多;英国、日本等国家和地区的 PE 投资,主要通过信托契约制来运作。

公司型、信托型、有限合伙型等 PE 投资基础关系和构成要素各不相同,因此,呈现出不同的特征。下面分别从组织的设立、法律地位、控制权、激励机制、税收和运营成本几个方面对这三种组织形式进行对比分析。

一、组织设立和法律地位

公司型、信托型、有限合伙型等 PE 投资在组织设立和法律地位方面的比较如表 2-1 所示。

表 2-1　不同组织形式在组织设立和法律地位方面的比较

组织形式＼比较项	公司制	信托制	有限合伙制
基础法律规则	《公司法》	《信托法》	《合伙企业法》
法律地位	法人资格	不具法人资格	非法人组织
成立依据	公司章程	信托合约	合伙协议
资金缴付	最低注册资本、严格的注册资本缴付时间和比例	购买信托收益凭证	通过契约或协议规定注资的时间和数量,承诺出资制
存续期限	永续	规定期限(一般5—7年)	规定期限(一般7—10年)
投资回收	不能退股只能转让和减资	存续期结束就可以收回投资	存续期结束就可以收回投资

由表 2-1 可看出,公司制 PE 投资的主要优点在于各国《公司法》及配套法规非常完善,组织形式清晰,可操作性较高,对出资人保障完善,也易于被各类市场主体接受。

公司制有严格的最低限额、出资方式、期限要求。我国公司法规定有限责任公司的股东首期出资不得低于注册资本的 20%,其余部分在两年内缴清,投资公司在五年内缴清。各地对基金注册资本的出资期限也有着不同的要求。而在有限合伙制,既无出资期限要求,又无注册资本最低限额要求,且普通合伙人可以用劳务出资。

对于基金运作来说,承诺出资显然是最理想的出资制度。对于投资者来说,其可获得将闲置资金放入银行的利息收入。但对管理人来说,大量闲置资金放在基金账上,会降低其业绩表现,从而"随叫随到"的承诺出资制度因能满足双方的利益需要而最受欢迎。在公司制中,最低注册资本额与出资期限要求显然使这种制度无法顺利实现。

在投资回收方面,公司股东不得出逃资本和抽回出资,否则面临着补缴责任甚至行政、刑事责任。公司向股东返回出资部分必须通过其他间接方式,如减资。但因为减资要履行通知和公告义务,等待债权人提前偿还债务(挤兑)或要求公司提供担保,从而给公司带来经济负担,况且即使减资也必须保留最低注册资本。而有限合伙企业则无注册资本要求,也无所谓减资的概念。合伙企业收益的分配,有时甚至可以直接在合伙人之间发生。公司制中,投资人一旦投入资金很难随意抽回,只能通过股份转让方式实现退出。在信息不对称和缺乏管理人有效激励和约束手段的条件下,投资人很难筛选出合格的管理人,道德风险很难规避。

而有限合伙制的承诺出资制和存续期固定(通常不超过 10 年),基金管理人想要在投资市场上得到持续发展,就需要不停地募集新的基金,而要募集新基金首要条件就是必须要保持良好的声誉。投资人与基金管理人所形成的重复博弈,使声誉机制能够很好地约束基金管理人的投资行为。

二、控制权与激励机制

公司制、信托制、有限合伙制等不同组织形式的 PE 投资在控制权与激励机制方面的比较如表 2-2 所示。

表 2-2　不同组织形式在控制权与激励机制方面的比较

比较项 \ 组织形式		公司制	信托制	有限合伙制
责任与控制权	投资人	以股金风险承担有限责任;作为股东甄选管理人并进行监督,但对管理人的管理独立性和稳定性构成威胁	以其投入的资金为限承担有限责任	有限合伙人仅以出资额为限承担有限责任;"安全港"规则,通过约定保留一定的权利对管理人监督
	管理人	如不持有公司股份,除重大失误外对公司不承担责任;负责基金的管理与运行	作为基金资产的所有人,负责基金的管理和运行,由基金保管人对其进行制约	普通合伙人对合伙企业负有无限责任,可以灵活自主进行经营活动,经营权不受干涉
激励机制	投资人	投资利润	投资利润	有限合伙人以约 99% 的投入,取得约 80% 的利润
	管理人	工资+绩效;可以参与投资利润分成或获得公司股份,但往往数量不大	原则上仅收取固定管理费,也不排除按照约定获得一定比例的收益提成	普通合伙人以 1% 的投入,取得管理费和利润分成,一般分别为 2% 和 20%

从表 2-2 可见,在公司制中,管理人作为代理人拥有的职能是决策管理,掌握基金的管理运作,但是不对基金盈亏负责,只能得到约定的雇佣工资或奖金,也没有剩余索取权,而股东拥有剩余财产的求偿权。所以决策管理职能与和剩余求偿权相互分离,很难将投资人与管理人的利益捆绑在一起,管理人很难以投资人利益最大化约束自己的行为。管理人追求的目标和投资者追求的目标之间会存在差异,股东利益最大化得不到保证。投资

者只能通过外部约束来制约管理人,但这种外部约束极为有限,从而弱化了对管理人的约束。尽管投资者可通过董事会等对管理人进行监督,但人力资本非激励不能调动的特点,仅靠监督并不能使管理人主动追求股东利益最大化。何况管理人的经营管理活动在 PE 投资这样具有严重信息不对称的领域,更是难以监控,道德风险很难防范。

管理人在公司制下的收益与其承担的风险存在严重不对称。即使努力工作使基金收益最大化,但管理人得到的也只是固定工资收益;而如果管理人经营失败、给投资者造成损失时,投资家仍可以得到固定工资收入,无须承担责任。风险和收益的严重不对称导致投资的低效率。

报酬机制是有限合伙制 PE 投资机构激励约束机制的核心,除了得到固定管理费,对普通合伙人(GP)更重要的是可得到基金收益约 20%的业绩报酬,他们的主要报酬就是这种期权性的业绩报酬,其努力程度决定业绩报酬的高低;普通合伙人还投入了 1%的个人资本并承担无限责任,这样做使普通合伙人的利益与他们的责任紧密结合。从比例上看,1%是小数,但普通合伙人要管理的资金通常比较庞大,因此金额也会很可观。管理人努力工作的热情被这些机制有效地激发出来了,自身收益实现最大化的同时,投资者利益最大化也得以实现,委托人和代理人之间的道德风险问题便得到了有效防范。

PE 投资是高风险的投资活动,整个资金运作都由普通合伙人来操作,为防止普通合伙人损害有限合伙人的权益,从事轻率的投资,这 1%的管理人资本,从某种程度上说具有一定钳制作用。再加上如强制分配的政策、其他详细的约束条款等都对 PE 投资家产生了很强的约束和监督。这些机制不但降低了投资者的投资风险,而且也相应地激励着管理人。激励与约束并重,体现出了剩余索取权和剩余控制权的对应,使作为风险制造者的管理人同时也是风险承担者,产权得到有效配置。

信托制所具有的转移财产所有权、基金管理人仅承担有限责任等制度特点,以及 PE 投资特有的严重信息不对称问题,是管理人产生逆向选择和道德风险的制度诱因。投资者因严重的不对称信息而难以监控到管理人的行为,并且由于不具备 PE 投资的相关知识和对企业技术的信息,托管人也难以真正起到监督作用。所以信托—代理问题在投资者和基金管理人之间非常严重,代理成本很高,很难防范和降低逆向选择和道德风险问题。也因此尽管信托制有"信托财产独立、法律关系明确"的优点,却对 PE 投资而言则是低效率的。

三、税收和运营成本

税收往往是各投资人设立 PE 投资时重点考虑的问题。公司制、信托制、有限合伙制等不同组织形式的 PE 投资在税收和运营成本方面的比较如表 2-3 所示。

表 2-3　不同组织形式在税收和运营成本方面的比较

组织形式 比较项	公司制	信托制	有限合伙制
税收	二级税负制	一级税负制	一级税负制
运营成本	管理费用不能通过契约固定下来,管理费用控制有困难	管理费用契约确定,费用控制比较容易	管理费用契约确定,费用控制比较容易

从表 2-3 可见,公司制的 PE 投资具有法人资格,属于二级税负制,即当基金取得收益时必须先缴纳企业所得税,基金的利润分配给投资者后,投资者再根据其投资主体资格,要么缴纳企业所得税、要么缴纳个人所得税。有限合伙型和信托型 PE 投资不具有法人资格,属于一级税负制,即基金本身不是纳税主体,所取得的盈利无须缴纳所得税,只有当投资者从基金中取得收益时才须缴纳所得税。因此,公司制 PE 投资要比有限合伙制和信托制的税负成本高很多。

公司制基金的管理费用在基金成立之前不能通过契约固定下来,这为日后的管理费用控制带来很大困难。有限合伙制和信托制基金的管理费用都事先通过契约约定,每年提取一定比例,投资人通过费用"承包"的方式将投资日常开销事先固定下来。因此,有限合伙制和信托制能有效地控制日常管理费用的开销。

有限合伙基金为税收透明主体,本身不缴纳所得税,而是由合伙人自行缴纳。这种先分后税的原则是有限合伙制的优势所在。社保(养老)基金、慈善基金和捐赠基金等非营利实体是免税的,不在我们的讨论范围。

有限合伙基金投资产生的收益主要是为股权转让溢价及企业派发的红利或利息。在美国,股权转让溢价适用于长期资本利得税,税率仅为 15%。如果管理分红按一般性收入计税,税率可能高达 35%。在中国,一般按 5%—35% 的五级超额累进税制征收个人所得税。如果被投资企业向基金派发红利或支付利息,则个人投资者分得的部分适用 20% 税率。

但是所得税属于地方税种,而地方政府的政策与国税总局的规定略有不同。地方政府针对有限合伙基金中的自然人——合伙人的税收政策大致可分为三类：

（1）普通合伙人适用5%—35%的五级超额累进税率，而有限合伙人适用20%的税率，如上海（2011年以前）、天津、深圳、长沙等。

（2）普通合伙人和有限合伙人均适用5%—35%的五级超额累进税率，上海2011年修订的新政策采用了这一税率。

（3）普通合伙人和有限合伙人均适用20%的税率，如北京、新疆等。

在这些规定中，有少部分地区还将普通合伙人的收益进行了细分，如天津和苏州工业园。普通合伙人出资形成的投资收益适用20%的税率，而生产经营所得（管理分红和管理费）适用5%—35%的税率。

总的来说，各省市税收政策的规定包括在金融办或发改委发布的PE投资基金扶持政策文件之中，措辞较为简略，而对一些关键性问题没有说明。随着实践的发展，相信各地的做法会更加明确。与有限合伙制度不同的是，公司制及配套税收政策在中国已经相当完备。

四、声誉机制

投资者和基金管理人在有限合伙制的PE投资基金中，因基金的有限存续期，可以进行重复博弈。管理人不能永远不保管资金，固定期限的机制使投资人能够选择以后不再投资同一基金管理人所管理的基金。同时私募投资的基金管理人市场是规模较小的市场，基金管理人的声誉和业绩能够容易地传播。一旦管理人行为不端，在下次募集资金时就会有很大困难。管理人每隔3—5年或基金投资额已经饱和的时候，需要再募集新的资金。而能否顺利地募集到新的资金，则取决于基金管理人的声誉和经验。当声誉本身成为一种资产时，基金管理人就会更加努力工作，以维护他们的声誉。因此，声誉机制就成了约束基金管理人行为的有力工具。

同时PE投资基金管理人在声誉建立后，就可以通过声誉而要求更多的业绩性报酬。所以在有限合伙制下，声誉机制成为一种促使激励约束机制自动履行的有效机制，有助于投资者筛选基金管理人，防范了因事前信息不对称带来的逆向选择问题，投资者的风险得以降低。

信托制的基金也是有期限的，因此基金管理人为了生存也必须不断地筹集新基金。而市场信誉是决定其筹资成本和筹资难度的最重要原因，这样使得契约制和有限合伙制下的基金管理人会花费更多时间和精力去维护他们的信誉。

公司制PE投资基金是永久存续的基金，投资者和基金管理人之间形成不了重复博弈,资金一旦投入,很容易产生逆向选择问题。投资者不能通过重复博弈对 PE 基金管理人进行筛选,如果选择了低质量的管理人,投资者就无法避免损失,所以永久存续的基金难以建立基金管理人的信誉机制,难以鉴别基金管理人的质量。因此,事前信息不对称导致逆向选择,签约后,基金管理人有机会永久持有基金,所以也很难避免事后道德风险问题。

不论是在报酬机制、控制权机制,还是声誉机制的设计上,有限合伙制 PE 投资都充分体现了 PE 投资业高风险和信息严重不对称的特点,不仅给予了 PE 投资基金管理人较强的期权性业绩报酬,在控制权上也使 PE 基金管理人承担着无限的责任,形成了强有力的约束,使 PE 投资人的收益与所承担的风险相对应,且重复博弈的设计有助于声誉机制的实施。这些机制使事前与事后信息不对称导致的逆向选择和道德风险问题得到了有效的防范和降低,代理问题得到有效解决。在这些机制下,PE 投资人主动追求投资者利益,以便使自己的利益最大化。

第三节　私募股权投资基金的直接投资和间接投资

提供 PE 资金基本上可通过两种途径:直接参股或间接参股。直接参股即投资者不通过中介,而是直接投资企业,它要求投资者具有相当多的专业知识,天使投资就是其中的一种;间接参股即通过 PE 基金公司代表投资人向被投资企业投资(如图 2-6 所示)。

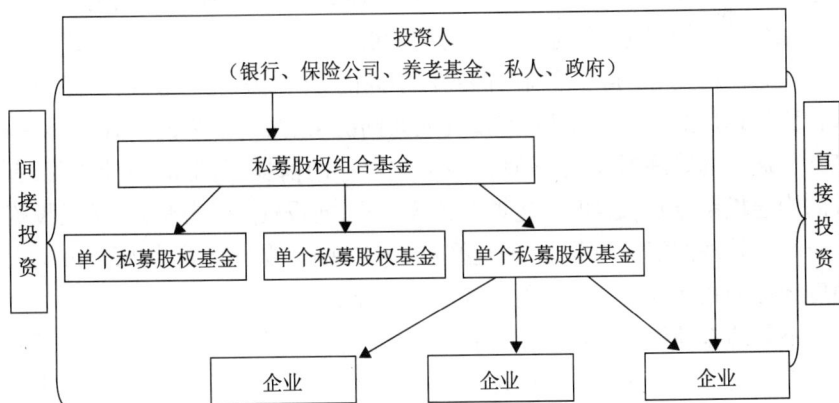

图 2-6　私募股权的直接投资和间接投资

第四节　中国私募股权投资基金管理形式的特点

中国式 PE 投资基金管理诞生于中国土壤,管理形式各异、优劣参半,因此,我们要从中国经济、文化、社会现实出发,探索符合中国国情和国际惯例的主流 PE 投资基金管理形式。

PE 作为一种社会化的投资工具,起源于美国,已有一百多年的历史。美国对 PE 有严格的定义,我国目前还没有正式的官方定义,但从发展轨迹看,遵循政府主导、外商投资、民营积极参与这样一个脉络,形成了有别于国外的包括 PE 投资、创业投资、产业投资基金、投资公司、投资管理公司、投资咨询公司、资产管理公司、投资担保公司、信托计划等在内的运作格局。规模较大的产业投资基金如总规模 200 亿元的渤海产业基金、上海金融基金、广东新能源产业基金及苏州高新基金等往往体现出政府主导、国企控股运作的特点;而民营资本主导的 PE 投资数量众多、形式多样,但规模较小,真正能达到资产五十亿元以上规模的基金屈指可数。

由于发展阶段及社会文化背景等原因,中国 PE 投资管理形式不同于国际通行规则,中国的私募投资人对基金管理的参与度较高。规模较大的国有控股基金管理平台这样那样地受到了国有控制人或地方政府的过分关照,而不能完全按基金通行的规则独立运作;民营资本主导的基金管理平台又较深地打上了投资人自身特有的烙印,制约了基金作为专业化理财工具的独立运作。特别是第一代成功的民营企业家,对其拼搏得来的财富有着非常强烈的"看护"意识,他们总是希望能够亲自帮助基金管理人打理好自己的资产。由此,形成了目前中国四种不同的 PE 投资运营形式:一是投资人自我管理形式;二是管理人和投资人共同决策、共同管理的形式;三是借鉴欧美通行的管理形式,在管理人专业化运作的前提下,形成一种透明、有效的沟通机制,通过定期、不定期会议等形式,向投资人公开信息,满足投资人对基金管理的好奇与关心;四是投资人作为顾问委员会成员,管理人最大限度地征询顾问委员会意见的互补决策管理形式。

不同的管理形式决定不同的管理效率和管理结果。这些不同的管理形式都有其合理的一面,但也有其局限性。中国式 PE 投资管理形式的优点在于适应了中国 PE 投资初级阶段发展的现实需要和文化特点,最大限度地满足了基金投资人的参与热情,在一定程度上有利于发挥管理机制灵活多样的优势,提高决策效率;同时也有利于防范道德风险,保护投资人利益。这种特色,比较适用于规模较小、组织形式为创业投资、投资(管理)类的公司,而对于一个真正面向市场、立志做大做强、专业化运作、商业化运营的基金管理公司来说,无疑是符合国际通行规则的第三种形式更合适。

中国式PE投资管理的缺陷在于没有形成规范的委托代理关系,公司治理结构不完善、不健全。投资人过度参与基金管理,使基金的委托代理关系紊乱,基金受托管理、专家理财的运作机理受到严重影响。这充分说明在中国,PE投资的治理结构建设任重道远;真正符合国际潮流的健康的私募基金文化、股权投资文化尚未形成;投资人的投资意识、理财观念还停留在初级阶段。这种管理形式缺陷导致不可能产生巨型私募基金品牌,会妨碍私募基金行业的做大做强。同时,这种管理形式的不规范也会带来一定的运作风险,尤其是大量存在的以君子协议型专户理财为主的民间私募基金,潜伏着巨大的金融风险。

中国式PE投资管理形式的缺陷不利于专业化基金管理团队的培养。PE投资运作需要高水平的团队管理才能在控制风险的前提下为投资者赚取较高的回报。但是,目前我国的PE投资,由于投资人过度参与管理,一方面造成了对专业基金管理人员的不信任,影响了专业人员的积极性,制约了激励约束机制的形成;另一方面也制约了基金管理专业团队的系统培养和建设,影响了专业管理团队作用的有效发挥。这也是为什么我们缺乏真正具有专业技术背景又有较高管理技能的综合性基金管理人才的原因之一。而没有高素质的专业管理团队也就不可能为企业提供管理、技术、资本运作等增值服务,这样不仅加大了项目投资风险,而且也制约了PE投资效能的发挥。

中国式PE投资缺乏长远发展的战略眼光。由于规模相对较小、规则意识差,因而在内部管理上斤斤计较,缺乏战略性的研究发展部门和人员。与此相对应,就是普遍缺乏行业研究、风险控制和产品研发能力。而没有足够的业务创新和产品创新能力,就不可能积极应对来自市场的激烈竞争,也就不可能打造百年品牌,做到基业长青!

第五节　对有限合伙制组织形式的评价分析

一、有限合伙制组织形式的定性分析

分析中国式PE投资管理的特点,从中国经济文化的现实和国外成熟经验出发,我们认为,有限合伙制的基金管理形式是目前中国现实环境下PE投资管理的最佳形式。理由如下:

（1）有限合伙制作为合伙制的一种特殊形式，其最大特点是人合与资合的有机统一。有限合伙人作为真正的投资者，投入绝大部分资金，但不参与经营管理，并且只以其投资的金额为限承担有限责任；普通合伙人（又称无限合伙人）作为真正的管理者，只投入极少部分资金，但全权负责经营管理，并要承担无限连带责任。这种制度设计一方面促使承担无限责任的管理人拿出自己的全部财产对投资人和外部债务做出连带责任担保，满足了投资人规避风险的偏好，有利于投资人积极参与 PE 投资。另一方面，作为承担无限连带责任的管理人在收取一定的管理费后，还能提取一定比例（如 20%）的超额收益奖励。这有利于调动管理人的积极性，降低运营成本，增加资本收益。

（2）有限合伙制通过合伙契约的约定，一方面，规范了普通合伙人的行为使其必须做到尽职尽责，这有利于锁定管理费用，增加管理透明度，降低管理人的道德风险，消除投资人对项目风险、运营成本控制等方面的顾虑。另一方面，投资人的行为也得到了约束，他们不得随意干预基金运作；而且管理人的自主权也大了，可最大限度地发挥管理人知识、技能与特长，机智灵活地进行业务操作，最大限度地提高管理效率、创造财富。

（3）有限合伙最大限度地解决了委托代理关系中的不信任问题，使委托人和代理人的利益在有限合伙形式的基础上达到了统一，并且这种统一是通过事前的沟通、谈判达成的法律契约。因而，运转起来相互推诿的事情较少，规则较容易得到贯彻与实施，大大降低了投资人对基金运作的人为干预，从而使基金管理机制具有更大的稳定性和持久性。不论对国有控股的基金管理公司或是对私营资本主导的基金管理公司来说，都具有普遍的意义。

（4）有限合伙制符合欧美通行的 PE 投资管理主流形式，与上述三种管理形式能够达到有机的统一。其特点决定了其能够较好地解决中国式 PE 投资管理的缺陷，既能保证基金管理的专业化运作，又能满足投资人对基金管理的好奇、关心与参与，增强投资人和管理人之间的信任，使投资人、管理人各自回归本位，使现代 PE 投资运作规则和文化得到贯彻，从根本上解决制约中国式 PE 投资快速发展的制度缺陷，促进中国 PE 投资行业的健康快速发展，是目前中国现实国情下的最佳选择。

（5）2007 年 6 月 1 日起施行的新修订后的《中华人民共和国合伙企业法》从法律形式上确立了有限合伙制的合法地位。因此，中国 PE 投资实行有限合伙管理制度，不仅受到法律的支持和保护，而且也会受到投资人的欢迎和推崇。可以肯定，随着越来越多机构的不断实践，有限合伙 PE 投资管理形式必将成为我国 PE 投资运作的主流。

二、有限合伙制组织形式的定量分析

目前 PE 组织管理形式还存在以下问题:(1)以定性描述性居多,以介绍 PE 的概况和基本流程为主,进行深入以及运用数理模型进行定量分析的较少。(2)目前研究大多数是描述合伙制下 PE 基金的委托代理关系,虽然从历史发展和现有情况来看,合伙制在实际操作中明显多于公司制,但没有文献在理论上证明,对于解决委托代理关系的问题,合伙制在制度设计上为什么优于公司制。

那么,如何系统地研究 PE 基金的委托代理关系,厘清各方的利益格局,调动各方积极性,从而发挥我国 PE 基金的作用,就成为重要的研究课题。

PE 基金有四个行为主体——投资者、管理者、债权人、投资对象(目标企业),它们之间的三重委托代理问题主要集中在以下几个方面:

(1)PE 基金投资者与管理者之间的委托代理问题。这个问题在有限合伙企业体现为有限合伙人(LP)对一般合伙人(GP)的委托代理问题。对一般合伙人的报酬体系和声誉机制进行设计,并根据 PE 基金的限制性条款设计,对 LP 和 GP 的约束机制进行逐一分析。

(2)PE 基金与债权人之间的委托代理问题。以被并购企业的最优资本结构为目标函数建立债权人对 PE 基金的激励约束模型,并结合 PE 基金的实际情况,探讨各种情况下的激励约束策略。

(3)PE 基金与投资对象之间的委托代理问题。通过建立模型确定 PE 基金和投资对象双方最优的均衡努力程度,从而分析在双方付出努力的各个阶段 PE 基金对投资对象的激励机制,并结合案例分析 PE 基金对投资对象的约束机制。

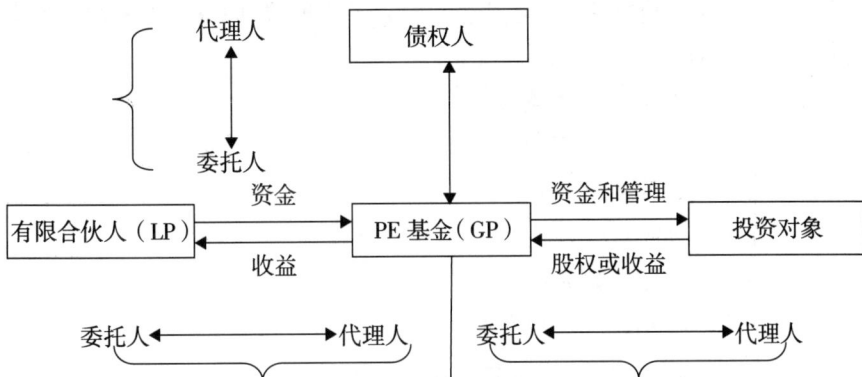

图 2-7　私募股权投资基金中的协同关系

经过几十年的发展,有限合伙制成为 PE 基金的主要组织管理形式,那么有限合伙制的优越性到底体现在什么地方呢?

从本质上看,信托制的 PE 基金,最终仍可归结为有限合伙制或者公司制。因此,下面我们将讨论有限合伙制为什么能比公司制更好地解决 PE 基金中各行为主体的协同机制问题,即委托代理问题。

假设如下:

(1) e 表示 GP 努力程度的变量,该变量是不可观测的,$E(e) = E$,E 是一个常数,$Var(e) = \sigma^2$。

(2)变量 ε 代表外生的风险,ε 的均值和方差分别为 0 和 σ_ε^2。

(3) $\theta = e + \varepsilon$ 为影响投资结果的变量,假设 I 为初始投资额。(注:实际操作中一般合伙人 GP 往往也需要投入约 1% 的资金,因为出资比例很小。所以,为了简化起见,我们假设有限合伙人 LP 投入所有的资本。)

(4)PE 基金的货币收益为 π,π 是 θ 的函数,所以第 t 期的货币收益可以记为 $\pi_t(\theta)$,而 $p(\theta)$ 则是 θ 结果出现的概率。

当 $\pi_t(\theta) \geq 0$ 时,GP 获得固定比例的管理费和收益分成。假设管理费的比例是 ρ,分成比例是 δ,则 GP 的收益为 $x = \rho I + \delta \pi_t(\theta)$。

当 $-I \leq \pi_t(\theta) < 0$ 时,PE 基金的投资是亏损的,但是本金仍然大于零,GP 只获得管理费。

当 $\pi_t(\theta) < -I$ 时,PE 基金的投资是亏损的,而且所有的本金全部损失殆尽。因为管理费是基金运作的成本,在投资结果实现之前就已经列支,所以 GP 一定可以获得 ρI 的管理费;投资结果出来之后,本金全部亏损,由于 GP 承担无限责任,所以 GP 要承担额外损失,即 GP 享受的收益 $\pi_t(\theta) + I$ 为负。因此,GP 的总收益等于固定收益加上亏损,即 $x = \rho I + [\pi_t(\theta) + I]$。当浮动亏损小于管理费,即 $\pi_t(\theta) + I$ 的绝对值小于管理费时,GP 的总收益小于 ρI,但是仍然可能为正;当浮动亏损大于管理费,即 $\pi_t(\theta) + I$ 的绝对值大于管理费时,GP 的总收益为正。

综上所述,GP 的收益函数为:

$$X_1 = \begin{cases} \rho I + \delta \pi_t(a, \varepsilon), & \pi_t(e, \varepsilon) \geq 0 \\ \rho I, & -I \leq \pi_t(e, \varepsilon) < 0 \\ \rho I + [\pi_t(a, \varepsilon) + I], & \pi_t(e, \varepsilon) < -I \end{cases}$$

同理,LP 的收益函数为:

$$Y_1 = \begin{cases} (1 - \delta)\pi_t(e, \varepsilon) - \rho I, & \pi_t(e, \varepsilon) \geq 0 \\ \pi_t(e, \varepsilon) - \rho I, & -I \leq \pi_t(e, \varepsilon) < 0 \\ -I, & \pi_t(e, \varepsilon) < -I \end{cases}$$

在有限合伙制下,LP 面临的问题是如何在 GP 收益最大化的基础上实现自身收益的最大化,也即

$$\max EY_1 = \int_{\pi_t(e,\varepsilon)\geqslant 0}\left[(1-\delta)\pi_t(e,\varepsilon)-\rho I\right]p(e,\varepsilon)ded\varepsilon + \int_{-I\leqslant\pi_t(e,\varepsilon)<0}\left[\pi_t(e,\right.$$
$$\left.\varepsilon)-\rho I\right]ded\varepsilon + \int_{\pi_t(e,\varepsilon)<-I}(-I)p(e,\varepsilon)ded\varepsilon$$

$$s.t.\max EX_1 = \int_{\pi_t(e,\varepsilon)\geqslant 0}\left[\rho I+\delta\pi_t(e,\varepsilon)\right]p(e,\varepsilon)ded\varepsilon + \int_{-I\leqslant\pi_t(e,\varepsilon)<0}\rho Ip(e,$$
$$\varepsilon)ded\varepsilon + \int_{\pi_t(e,\varepsilon)<-I}\left[\rho I+\delta\pi_t(e,\varepsilon)+I\right]p(e,\varepsilon)ded\varepsilon - C(e)$$

在公司制下,α 为管理者的固定工资,β 为管理者的收益分成(公司制下管理者的收益分成体现为业绩工资)比例,其他参数同上。因为是公司制,管理者并不承担经营的损失,所以管理者的收益函数如下:

$$X_2 = \begin{cases}\alpha I+\beta\pi_t(e,\varepsilon),\pi_t(e,\varepsilon)\geqslant 0\\ \alpha I,-I\leqslant\pi_t(e,\varepsilon)<0\end{cases}$$

公司制下,投资者承担有限责任,所以投资者的收益函数如下:

$$Y_2 = \begin{cases}-\alpha I+(1-\beta)\pi_t(e,\varepsilon),\pi_t(e,\varepsilon)\geqslant 0\\ -\alpha I+\pi_t(e,\varepsilon),-I\leqslant\pi_t(e,\varepsilon)<0\\ -I,\pi_t(e,\varepsilon)<-I\end{cases}$$

在公司制下,投资者面临的问题是如何在管理者收益最大化的基础上实现自身收益的最大化,也即

$$\max EY_2 = \int_{\pi_t(e,\varepsilon)\geqslant 0}\left[-\alpha I+(1-\beta)\pi_t(e,\varepsilon)\right]p(\varepsilon)d\varepsilon + \int_{-I\leqslant\pi_t(e,\varepsilon)<0}\left[\pi_t(e,\right.$$
$$\left.\varepsilon)-\rho I\right]p(\varepsilon)d\varepsilon + \int_{\pi_t(e,\varepsilon)<-I}(-I)p(\varepsilon)d\varepsilon$$

$$s.t.\max EX_2 = \int_{\pi_t(e,\varepsilon)\geqslant 0}\left[\alpha I+\beta\pi_t(e,\varepsilon)\right]p(\varepsilon)d\varepsilon +$$
$$\int_{-I\leqslant\pi_t(e,\varepsilon)<0}\alpha Ip(\varepsilon)d\varepsilon - C(e)$$

[注:式中 $p(\varepsilon)$ 为概率密度函数]

下面,我们比较有限合伙制和公司制下管理者的努力程度以及投资者的期望收益的大小(在有限合伙制下,管理者和投资者分别是 GP 和 LP)。

为了简单起见,我们分别假设:

$$p[\pi_t(e,\varepsilon)\geqslant 0]=p_1,p[-I\leqslant\pi_t(e,\varepsilon)<0]=p_2,p[\pi_t(e,\varepsilon)<-I]=$$
$$p_3,0\leqslant p_i\leqslant 1,\sum_{i=1}^{3}p_i=1,\text{此时},\pi_t(e,\varepsilon)\text{中就不含}\varepsilon\text{了},\pi_t(e,\varepsilon)=\pi_t(e)。$$

假设 $\pi_t(e) = l + me, m > 0$。由于在管理者不付出任何努力的情况下，企业的收益不会大于零，所以 $\pi_t(0) \leq 0$，从而推出 $l \leq 0$。假设管理者付出努力的负效用可以完全用货币表示为 $C(e) = ne^2, n > 0$。

假设投资的结果有三种状态，分别为 0、$-I$ 和 $-2I$，所以可以写为：

$$EY_1 = [(1 - \delta)(l + me) - \rho I]p_1 + [(l + me) - I - \rho I]p_2 - Ip_3$$

$$s.t. \max EX_1 = [\rho I + \delta(l + me)]p_1 + \rho Ip_2 + [\rho I + (l + me) + I - 2I]p_3 - ne^2$$

$$EY_2 = [(1 - \beta)(l + me) - \alpha I]p_1 + [(l + me) - \alpha I - I]p_2 - Ip_3$$

$$s.t. \max EX_1 = [\alpha I + \beta(l + me)]p_1 + \alpha I(1 - p_1) - ne^2$$

进行约束条件的最大化得出，在有限合伙制和公司制下，管理者愿意付出的最优努力分别为：

$$e_1^* = \frac{m}{2n}(\delta \times p_1 + p_3)$$

$$e_2^* = \frac{m}{2n}\beta \times p_1$$

由于在有限合伙制下管理者的分成比例高于在公司制下的分成比例，即 $\delta > \beta$；又因为 $p_3 \geq 0$，所以 $e_1^* \geq e_2^*$，即管理者在有限合伙制下的努力程度更高。下面再对投资者的期望收益进行比较。

根据实践操作，我们假设：

$\rho = 0.5\%, \delta = 20\%, \alpha = 0.4\%, \beta = 10\%$；

再假设 $p_1 = 50\%, p_2 = 40\%, p_3 = 10\%$，

得出 $EY_1 - EY_2 = 0.0475\frac{m^2}{n} - 0.5l$

因为 $l < 0$，所以 $EY_1 - EY_2 > 0$。

因此，在有限合伙制这种组织结构中，管理者所愿意付出的努力以及投资者的期望收益都大于在公司制下管理者所愿意付出的努力以及投资者的期望收益。所以，有限合伙制是更适合于 PE 投资基金的组织结构。

综上所述，无论从定性上分析还是从定量分析，有限合伙制都应该是目前中国现实背景下 PE 投资基金的最佳管理形式。

第六节　相关案例分析及启示

一、黑石集团有限合伙架构：案例分析及其启示

一般 PE 投资基金管理人都是非上市企业，管理分红可以自由选择。

但是当基金管理人考虑上市时,基金架构的随意性可能会变成一场灾难。黑石集团就是一个典型的案例,如图2-8所示。

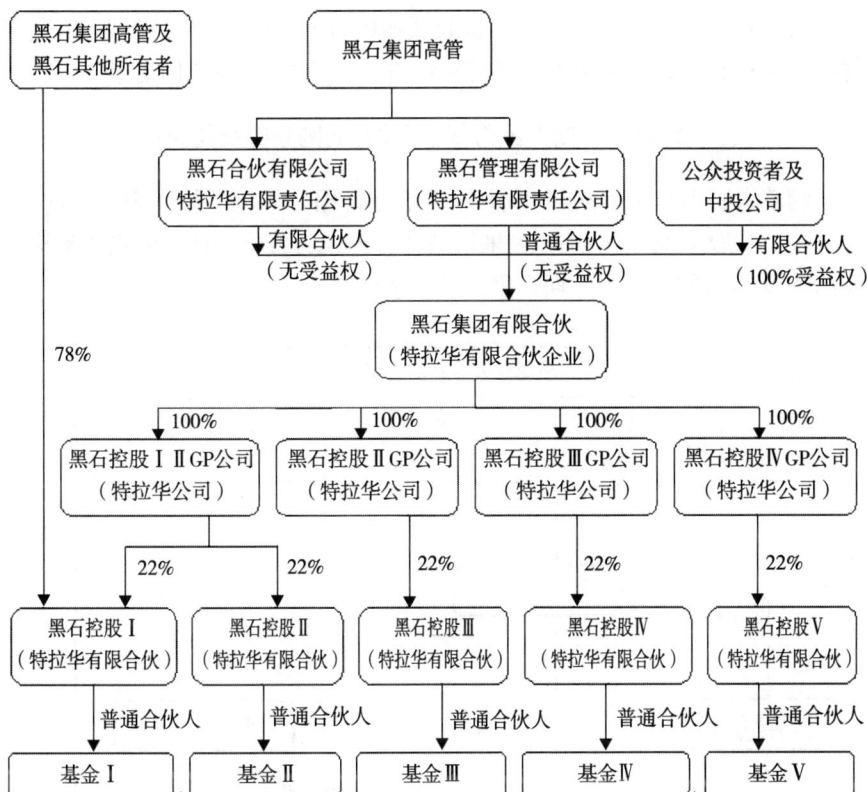

黑石集团高管及黑石其他所有者

黑石集团高管

黑石合伙有限公司（特拉华有限责任公司）

黑石管理有限公司（特拉华有限责任公司）

公众投资者及中投公司

有限合伙人（无受益权）

普通合伙人（无受益权）

有限合伙人（100%受益权）

黑石集团有限合伙（特拉华有限合伙企业）

78%

100% 100% 100% 100%

黑石控股 I II GP公司（特拉华公司）

黑石控股 II GP公司（特拉华公司）

黑石控股 III GP公司（特拉华公司）

黑石控股 IV GP公司（特拉华公司）

22% 22% 22% 22% 22%

黑石控股 I（特拉华有限合伙）

黑石控股 II（特拉华有限合伙）

黑石控股 III（特拉华有限合伙）

黑石控股 IV（特拉华有限合伙）

黑石控股 V（特拉华有限合伙）

普通合伙人 普通合伙人 普通合伙人 普通合伙人 普通合伙人

基金 I 基金 II 基金 III 基金 IV 基金 V

图2-8　黑石集团上市企业架构

在2007年上市之前,黑石集团管理着数量不一的并购基金、对冲基金、对冲母基金及房地产基金。每一类别的基金管理分红分配方式各不一样,即便是在并购基金这一类中,由于合伙人负责程度不同,管理分红领受人也各不相同。黑石集团要完成上市,需要说服各个合伙人将其在不同管理分红领受主体中的权益转让给黑石集团上市公司。而这些权益的定价成为一个大问题,后来黑石集团在高级合伙人的强势干预下解决了这个问题。

在黑石集团复杂的上市架构中,"黑石集团有限合伙"是上市主体,与众不同的是,这家企业是有限合伙企业,而非普通的上市"公司"。公众投资者和中投作为有限合伙人享有"黑石集团有限合伙"100%的经济受益权,但仅有有限的投票权,中投公司干脆就放弃了投票权。黑石集团有限合伙则通过控股公司享有黑石旗下管理的各只基金的普通合伙人(含黑石控股Ⅰ、Ⅱ、Ⅲ、Ⅳ及Ⅴ有限合伙)22%的经济受益权。其中,公众投资者享有12.3%的受益权,而中投公司享有9.7%受益权。黑石集团上市前的管理公司股东(如AIG)及高管则享有这些普通合伙人剩余78%的经济受益权。

由于每一层的投资载体都是税收透明的,即非所得税缴纳主体,因此,复杂的架构并没有带来额外的所得税负担,这一做法值得我们借鉴。

二、普凯第一期人民币基金架构:案例分析及其启示

随着人民币基金的兴起,不少外资基金管理公司也开始在中国境内发起基金。一般来说,这些基金也采用基金管理人与普通合伙人分离的架构,如图2-9所示的普凯第一期人民币基金架构图。

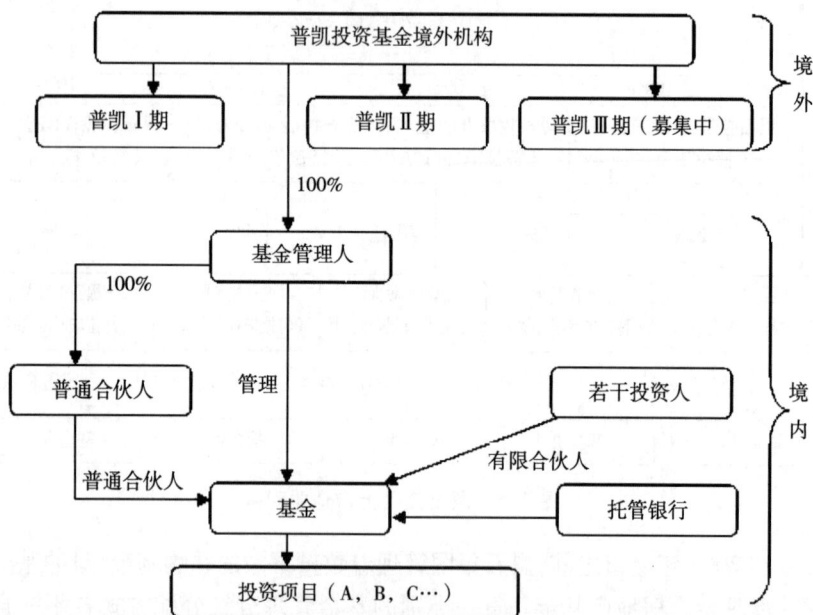

图2-9　普凯第一期人民币基金架构(2009年7月募集)

普凯境外基金管理人设立一家外商独资企业作为境内基金的管理人,后者再设立一家全资子公司作为人民币基金的普通合伙人;投资者则作为基金的有限合伙人加入基金。基金产生的管理费用和管理分红由普通合伙人领受转交给基金管理人。

中国境内基金架构在细节处理上与美国略有不同,普通合伙人如果将管理分红分配给基金管理人再由其汇往海外,则需要缴纳多重税款。中国不存在税收透明的公司形式,普通合伙人需要缴纳营业税和企业所得税。

虽然基金管理人不重复缴纳企业所得税,但在境内汇出利润时仍然需要缴纳预提税(一般为10%),为达到避税的目的,普通合伙人可能直接将分红分给最终的领受人(基金高管)。这一组织架构也值得我国 PE 投资基金设立者借鉴。

三、苏州松禾及南通松禾基金架构:案例分析及其启示

与国外不同的是,中国纯内资的 PE 基金运作风格更加粗犷。我们经常能看到基金管理人直接充当普通合伙人的做法,如图 2-10 中的苏州松禾成长创业投资中心和南通松禾创业投资合伙企业这两只独立的基金,它们实缴资本分别为约 6 亿元和 1.5 亿元。深圳松禾资本管理有限公司同时担任这两只基金的普通合伙人及基金管理人。

此外,松禾资本的股东深港产学研创业投资有限公司分别在两只基金中出资 20%。基金管理公司或关联企业在基金中作为有限合伙人出资在欧美基金中并不罕见。黑石 2007 年招募说明书中披露,黑石集团管理的基金中有约 6% 的资本是由黑石员工认缴的。这类出资比例越高,有限合伙人对基金管理人的信任度也越高。一般来讲,这部分出资产生的利润是不向普通合伙人支付管理分红的。

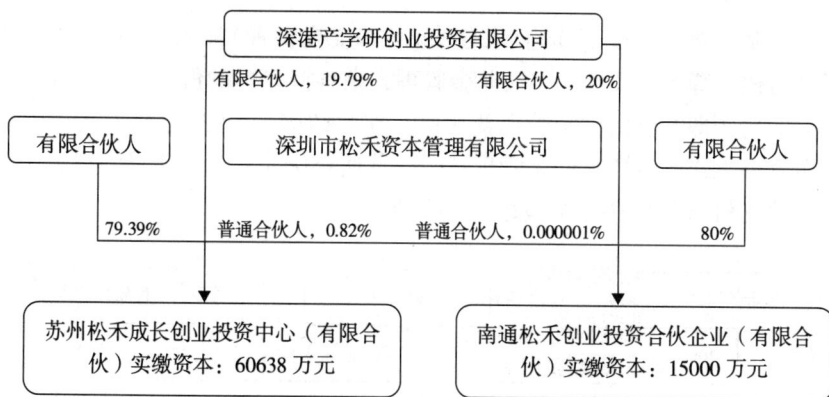

图 2-10　苏州松禾及南通松禾基金架构图

四、英国私募股权基金架构及其对中国私募股权基金运作者的启示

下面给出英国创业投资协会发布的创业投资基金指引,该指引已获得英国贸工部及英国国内税务署认可,为英国 PE 基金提供了最佳的运作

指引。

1.基金设立阶段

基金管理人设立或者通过他人设立一家公司,作为有限合伙企业的普通合伙人。基金管理人的高级管理人员则以个人身份作为有限合伙人加入合伙企业(即基金)。为简化起见,我们在以下内容中都将基金管理人中高级管理人员持有的份额视为基金管理人持有的份额。一般来说,在合伙企业中,基金管理人占的财产份额为 20%,普通合伙人占 80%,如图 2-11所示。

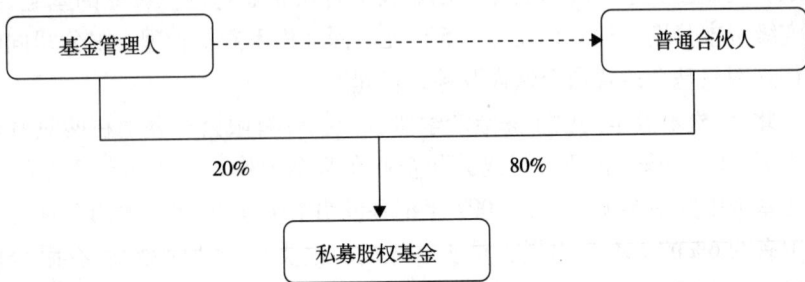

图 2-11　基金设立

2.基金募集阶段

在基金募集阶段,新的有限合伙人(基金投资者)加入,普通合伙人的财产份额将降至 1.25%—3%,基金管理人则维持20%的份额。普通合伙人持有的比例即基金的固定管理费比例。在此结构下,普通合伙人会再聘请基金管理人作为投资顾问来管理基金。普通合伙人从基金获得的利润作为管理费支付给基金管理人,如图 2-12 所示。

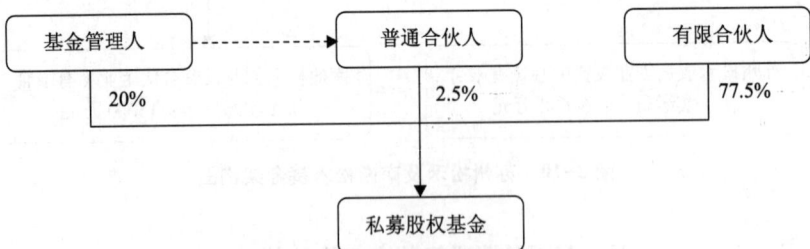

图 2-12　基金募集

3.实际投资阶段

基金管理人发现并商定投资项目之后,将会通知有限合伙人(不包括基金管理人)投入资本。这些资本都是以贷款形式注入基金,因此在将来需要优先偿还。PE 基金的股权和债权相差悬殊,债权出资占绝大多数(如90%的负债率)。因此,有限合伙人虽然占的股权比例只有80%,但是它们提供了基金绝大部分资金。初始注入的股权资金一般用于基金的日常运营。如果这些资金不足以弥补日常开支,管理费将会以普通合伙人对基金的优先贷款形式出现,如图 2-13 所示。

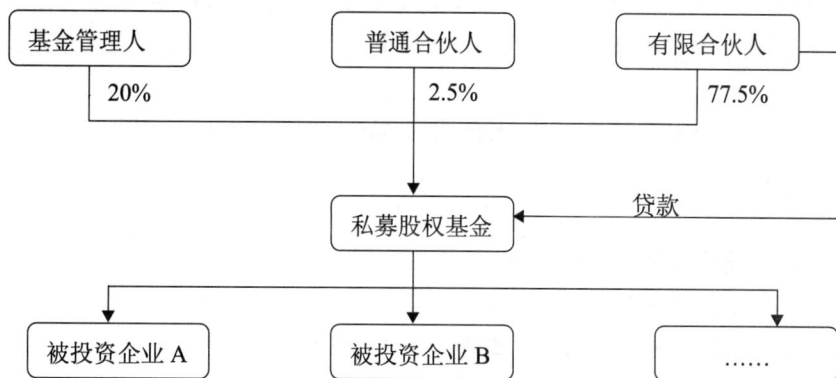

图 2-13　实际投资

4.利润分配阶段

当基金出售投资兑现利润时,所获得的现金流将优先用来偿还管理费和有限合伙人的贷款。有限合伙人的贷款有可能还会有优先收益,即利息。当有限合伙人贷款偿还完毕之后,剩余的利润将按照合伙人的财产份额比例进行分割。自然地,基金管理人依照其财产份额将会获得20%的管理分红。基金利润的分配有可能是以全部投资利润为标准,也可能是按照每个投资案例单独进行分割,这取决于基金的具体规定。

中英两国税法和合伙企业法有一定差异,但英国基金的这种架构及避税方案的设计可以为中国私募股投资基金的运作者提供借鉴和启示。

五、有限合伙制私募股权投资基金收益分配方案案例

最后,再给出一个有限合伙制 PE 投资基金收益分配方案的计算方法的案例。目的是使读者能够对有限合伙制 PE 投资基金收益分配方案有一个直观的理解,以加深读者对有限合伙制基金收益分配的感性认识。

PE 投资基金收益分配额计算顺序如下:

(1)支付基金的固定管理费;

(2)返还投资者的本金;

(3) 支付投资者的优先收益;

(4) 支付优先收益对应的管理分红;

(5) 按 20:80 的比例在基金管理人与投资者之间分配剩余利润。

假设投资者初始投入资本金 9500 万元,普通合伙人投入资本金 500 万元,即基金投资者出资比例 95%。基金开办费用为 100 万元,从初始出资中列支完毕,投资运作及日常费用全部由基金管理人承担。基金固定管理费比例为 2%,管理分红比例为 20%,投资者要求的保底收益率为 8%。一年之后基金将所有投资套现并获得 2 亿元的现金。基金的收益分配将按照如下顺序派发:

(1) 归属基金有限合伙人的可分配收入:20000 万元×95% = 19000 万元;

(2) 支付基金固定管理费用:9500 万元×2% = 190 万元;

(3) 返还投资者本金:9500 万元;

(4) 支付投资者的保底收益(一年):9500 万元×8% = 760 万元;

(5) 支付优先收益对应的管理分红:9500 万元×2% = 190 万元;

(6) 支付超额部分的管理分红:(19000 - 9500 - 190 - 760 - 190)×20% = 1672 万元,剩余部分(19000 - 9500 - 190 - 760 - 190)×(1 - 20%) = 6688 万元支付给投资者。

注意:第(5)项计算的是投资者所获得的优先收益对应的管理分红,相当于保底收益率 8% 的 1/4,即 2%;如果基金投入支付到第(4)项已经没有剩余,那么第(5)项的管理分红将为 0;而第(6)项剩余利润的分配顺序中,投资者与基金管理人的优先级是相同的。

总的来说,基金有限合伙人(投资者)可分得 9500 + 760 + 6688 = 16948 万元,年回报率 = (16948 - 9500)/9500 = 78.4%。基金管理人从投资者处分得 190 + 190 + 1672 = 2052 万元,此外还有其 5% 出资对应的 1000 万元。用表格整理上面的计算,结果如表 2-4 所示。

表 2-4　有限合伙制私募股权基金收益分配表

单位:万元

	有限合伙人 (投资者)	管理费及管理分红	基金管理人(普通 合伙人)投资收益
(1)投资返还现金	19000		1000
(2)支付管理费		190	
(3)LP 本金	9500		

	有限合伙人（投资者）	管理费及管理分红	基金管理人（普通合伙人）投资收益
（4）优先收益	760		
（5）对应的管理分红		190	
（6）剩余利润分配	6688	1672	
合　计	16948	2052	1000

上面是一个极其简单的案例，实际操作中基金利润计算问题要复杂得多。基金的退出项目不会是一次性的，而是分项目逐步退出。设上面的基金投了5个项目，每个项目平均投资额为（9500+500-100）/5=1980万元。这个数字之所以不是2000万元，是因为扣除开办费用100万元后，基金管理人只剩下9900万元可用于投资。一年之后，第一个项目以2倍的价格出售，获得2×1980=3960万元。

此时，基金管理人是应该按照项目来收取分红，还是等到投资者拿回全部本金之后再收取分红呢？1990年以前，管理分红可能会按照项目来计算。也就是说，基金管理人对盈利的项目收取20%的管理分红，但是赔钱项目的亏损由投资者自行承担。现在市场上的主流是基金管理分红按照基金整体计算。

在具体操作时，管理分红还是会在套现计算并分配给普通合伙人。如果后续项目投资收益没有达到保底收益率甚至亏损，那么普通合伙人需要返还他们之前收取的管理分红，直至基金整体收益率达到保底收益率，这种制度称之为回拨制度。这种收益部达标的情况时有发生，有时也会出现推诿的情况。基金整体存续期为5—10年，而项目退出会在存续期的后半段逐步出现。普通合伙人在收取前期项目管理分红时可能已经将之分配到个人，并且已经缴纳相应税收。这些高管在退还管理分红时显然无法找税务局要回税收，因而只能返还税后的部分，也有部分基金约定只返还50%。

下面计算一下第一个项目套现时的现金分配：

（1）归属有限合伙人的可分配收入：3960万元×95%=3762万元；

（2）支付基金固定管理费用：1990×2%=38万元；

（3）返还投资者本金：1900万元；

（4）支付投资者的优先收益（一年）：1900×8%=152万元；

（5）支付优先收益对应的管理分红：1900×2%=38万元；

（6）支付超额部分的管理分红：（3762-38-1900-152-38）×20%=327

万元,剩余部分(3762-38-1900-152-38)×(1-20%)=1307万元支付给投资者。

上面的计算方法对基金管理人来说是比较有利的。投资者可能会要求在计算管理分红时将所有费用都纳入,包括基金的日常费用、投资运作费用和管理费用,甚至开办费用也可以纳入。比如,投资者可能要求一年管理费38万元在计算利润时应全部扣除,而不计入20%。如果按此计算,管理分红将变为(3762-38-1900-152)×0.2=334万元,而非327+38=365万元。具体分项目利润计算应该在有限合伙协议中明确规定。计算方式也是属于可谈判的内容,取决于GP和LP的谈判地位。以上计算结果如表2-5所示。

表2-5　按投资项目的有限合伙制私募股权基金收益分配表

单位:万元

	有限合伙人 (投资者)	管理费及管理分红	基金管理人(普通 合伙人)投资收益
(1)投资返还现金	3762		198
(2)支付管理费		38	
(3)LP本金	1900		
(4)优先收益	152		
(5)对应的管理分红		38	
(6)剩余利润分配	1307	327	
合　计	3359	403	198

第三章 有限合伙制下投资者与基金管理人的报酬协同机制研究

PE 商业模式的核心是基金管理人。基金管理人独立或通过商业银行、信托公司等中介机构发起设立基金。在基金设立后,基金管理人负有寻找项目、项目谈判与交易构造,监控被投资企业并实现投资的职责。基金的主要资本来自养老基金(社保基金)、银行、保险公司、捐赠基金、慈善基金与个人投资者。由于绝大多数 PE 基金的组织形式为有限合伙企业,因此,承担基金管理职责的基金管理人通常也被称为普通合伙人(General Partner,基金的发起人),而投资者(机构投资者和个人投资者)通常被称为有限合伙人(Limited Partner,基金的出资人)。在基金实际的运作中,基金管理人一般不直接担任有限合伙基金的普通合伙人,这里的基金管理人是指高级合伙人或首席合伙人,但习惯上称基金管理人为普通合伙人或一般合伙人。

PE 投资基金的有限合伙人、基金管理人、债权人、投资对象(目标企业、项目等)等各行为主体协同机制要用到的基本理论就是委托代理理论,因此,本章首先介绍一下委托代理理论的基本分析框架,为后续章节提供理论基础。

第一节 行为主体协同机制分析理论

一、信息经济学

(一) 基本概念

信息经济学是非对称信息博弈论在经济学中的应用。其中的非对称信息(不完全信息)是指,某些参与博弈(或交易)的人拥有、但另一些人不拥有的信息。

博弈论与信息经济学的区别是:博弈论研究是在给定信息结构下,什么是可能的均衡结果,所以博弈论的研究是"实证的";而信息经济学研究的是在给定信息结构下,什么是最佳的契约安排,故又称契约理论或机制设计理论,它的研究是"规范的"。

代理人是拥有私有信息的博弈方;委托人是不拥有私有信息的博弈方。

（二）信息经济学模型的基本分类

信息经济学模型的类别如表3-1所示。

表3-1　信息经济学模型的类别

非对称信息发生时间	隐藏行动	隐藏信息
事后	1.隐藏行动的道德风险模型	2.隐藏信息的道德风险模型
事前		3.逆向选择模型 4.信号传递模型 5.信号甄别模型

所有上述模型都是在委托人—代理人的框架下进行分析。

1.隐藏行动的道德风险模型

签订契约时信息可能是对称的（完全信息），但是签约后，代理人选择行动（努力不努力），"自然"选择"状态"，代理人行动和自然状态一起决定结果，委托人只能观测到结果，而不能观测到代理人的行动和自然状态（不完美信息）。委托人的问题是如何设计一个激励合同，以便诱使代理人从自身利益出发选择对委托人最有利的行动（如表3-2所示）。

例如：雇主与雇员的关系，雇主不能观测到雇员是否努力工作（隐藏行动），但能观测到雇员的任务完成好坏（道德风险）。因此，雇员的报酬应同任务完成好坏挂钩。

表3-2　隐藏行动的道德风险模型

委托人	代理人	行动、类型或信号
保险公司	投保人	防盗措施
地主	佃农	耕作努力
股东	经理人	工作努力
债权人	债务人	项目风险
房东	住户	房屋维护
选民	官员	廉洁与否

2.隐藏信息的道德风险模型

签约时信息是对称的，签约后，"自然选择状态"（为不同的代理人类型），代理人了解到自然的选择，然后选择行动（如向委托人报告自己自然的选择，这种报告可能是真实的或不真实的）；委托人观测到代理人的行动（报告的自然选择），但不能观测到自然的真实选择（不完美信息）。因此，委托人的问题是如何设计一个激励合同，以诱使代理人在给定自然状态下选择对委托人最有利的行动(如真实报告自然状态)。

例如:企业经理(委托人)与销售员(代理人)的关系,销售员知道顾客的特征,经理则不知道(指自然状态)。因此,经理要设计一个激励合同激励销售员,以便使销售员针对不同的顾客选择不同的销售策略。

3.逆向选择模型

自然选择代理人的类型;代理人知道自己的类型,而委托人不知道(因而信息是不完全的);委托人和代理人签订合同。

例如:产品卖者(代理人)与买者(委托人)的关系,卖者对产品质量了解,而买者对其不甚了解,双方要签订交易合同。

4.信号传递模型

自然选择代理人的类型;代理人知道自己的类型,而委托人不知道;为了显示自己的类型,代理人选择某种信号显示给委托人,委托人在观测到此信号之后与代理人签订合同。

例如:雇员知道自己的能力,雇主不知道;为了显示其能力,雇员选择其受教育水平这一信号,雇主根据雇员的学历签订合同、支付工资。

5.信号甄别模型

自然选择代理人的类型;代理人知道自己的类型,委托人不知道;委托人提供多个合同供代理人选择,代理人则根据自己的类型选择一个最适合自己的合同,并根据合同选择行动(见表3-3)。

表3-3　信号甄别模型

模型	委托人	代理人	行动、类型或信号
隐藏信息道德风险	股东 雇主 债权人	经理 雇员 债务人	市场需求/投资决策 任务难易/工作努力 项目风险/投资决策
逆向选择	雇主 保险公司 债权人	雇员 投保人 债务人	工作技能 健康状况 项目风险
信号传递和信息甄别	买者 垄断者 投资者	卖者 消费者 经理	产品质量/质量保证期 需求强度/价格歧视 盈利率/负债率/内部股票持有比例

表3-3中每种信号甄别模型讨论的问题不同,但同一种交易关系可能涉及多个模型讨论的问题。

委托—代理理论只是隐藏行动的道德风险模型的别称。

信息经济学的模型可简化为两类:委托—代理模型;逆向选择模型。

二、委托代理理论基本分析框架

首先介绍一个卖者出售一种产品给一个买者的定价过程,作为例子,简述一下委托代理的理论分析框架。

委托人——卖者以固定单位成本 C 生产一种产品,他了解买者——代理人可能有两种类型 θ_0 与 θ_1,但面对的这个买者究竟是哪一种类型,并不知道,只有买者自己知道这一私有信息。假设 θ_0 的概率为 p_0,θ_1 的概率为 p_1,$p_0 + p_1 = 1$;卖者为了吸引买方成交,则可提出一种收费表,根据买方购买的数量 q 来决定他应付的费用 $T(q)$,以对卖者自己最为有利。因为卖者不能确定买者实际为哪一种类型(共两种),他提出的方案中将包含两种 q 和 T 的组合,以对应买者的两种可能类型: q_0 和 T_0 类型 θ_0 的购买数量和支付总金额; q_1 和 T_1 类型 θ_1 的购买数量和支付总金额。

卖者的目标是最大化其期望利润(设 V 为利润),即

$$\max EV = p_0 \times (T_0 - Cq_0) + p_1 \times (T_1 - Cq_1)$$

卖方将面临两类约束:其一是个体理性约束 (IR),或者叫参与约束,即卖方设计的机制能使买方愿意参与(购买)。在博弈论中正规表述是,机制中每一种结局都应使代理人获得的效用不低于"保留效用"水平,即看到有好处时才参与(购买)。对本例来讲,则有两种 IR 约束:

$IR_1: u(q_0) - T_0 > 0$

$IR_2: u(q_1) - T_1 > 0$

其中 $u(q_0)$、$u(q_1)$ 为买者的两种情况下的效用; T_0、T_1 为买者的两种情况下的支付总金额。

其二是要求所设计的激励机制(方案)中,保证代理人能按照委托人所期望的那样行动,叫做激励相容约束 (IC)。对本例来讲,卖方针对买方类型 θ_0 设计了 T_0 和 q_0,又针对类型 θ_1 设计了 T_1 和 q_1,即不能使买者类型为 θ_0 时反而认为 T_1、q_1 更为可取,也不能使类型为 θ_1 时反而认为 T_0、q_0 更为可取,即应防止激励失效。用公式表示是:

$IC_1: u(q_0) - T_0 \geq u(q') - T'$

$IC_2: u(q_1) - T_1 \geq u(q') - T'$

其中,q' 是代理人可选择的行动。

下面介绍由 Wilson、Spence、Zeckhauser 和 Ross 等人先后于 1969—1973 年最初使用的"状态空间模型化方法"。

令 A 表示代理人所有可选择的行动的组合,$a \in A$ 表示代理人的一个特定行动,设它是工作努力水平的一维变量[a 也可以是一个向量,$a = (a_1,$

$a_2\ldots$)〕。

又令 θ 为外生随机变量("自然状态"), θ 在其论域中的分布函数和密度函数分别为 $G(\theta)$ 和 $g(\theta)$。代理人选择行动 a 以后,外生变量 θ 也确定了,这时 a 和 θ 共同决定了一个可观测得结果 $x(a,\theta)$ 以及一个货币收入 $\pi(a,\theta)$、$\pi(a,\theta)$ 直接所有权属于委托人。

委托人的问题是如何设计一个激励合同 $s(x)$,根据观测到的 x 对代理人付给适当的报酬〔 $s(x)$ 即为委托人根据 x 支付给代理人的报酬〕。

可见,委托人的 Von. Nouman-Moganstein 效用函数是 $v[\pi - s(x)]$,其中,设 $v' > 0, v'' \le 0$; v 为上凸函数,风险厌恶/中性者。

代理人的效用函数是 $u[s(x)] - c(a)$,其中 $c(a)$ 为工作努力水平 a 的成本, $c' > 0, c'' \le 0$; $u' > 0, u'' \le 0$ 风险厌恶/中性者。

委托人同代理人的利益冲突,报酬是代理人的报酬确是委托人的成本,代理人的努力有利于委托人,确是自己要付出的成本。首先来自假设 $\partial\pi/\partial a > 0$ 和 $c' > 0$, $\partial\pi/\partial a$ 意味着委托人希望代理人多多努力,而 $c' > 0$ 意味着代理人希望少努力。因此,要提供足够的激励,否则代理人不会依委托人的那样努力工作。

委托人的期望效用函数可以表示为:

(Principal): $\int v\{\pi(a,\theta) - s[x(a,\theta)]\}g(\theta)d\theta$

委托人就是要选择(设计)好 a 和 $s(x)$,以便最大化上述期望效用函数,也就是:

$$\max_{a,s(x)} \int v\{\pi(a,\theta) - s[x(a,\theta)]\}g(\theta)d\theta$$

这时,委托人却面临着来自代理人的两种约束:

一是个人理性约束(Individual Rationality Constraint),或叫参与约束,即代理人从接受契约中得到的期望效用不能小于不接受契约时能得到的最大期望效用,后者由代理人面临的其他市场机会决定,可称为保留效用,记为 $\bar{u}$。如下:

$(IR): \int u\{s[x(a,\theta)]\}g(\theta)d\theta - c(a) \ge \bar{u}$

二是代理人的激励相容约束(Incentive compatibility Constraint),或叫激励一致约束,即代理人总是选择使自己的期望效用最大化的行动 a。因而,委托人希望的行动 a 只能通过代理人认为此 a 能使自己最有利来实现。或者说,行动 a 是委托人所希望的,行动 a' 是代理人可选择的 A 中的任何行动, $a' \in A$,因此,只有当代理人选择 a 时所得到的期望效用,大于选择 a' 时

所得到的条件下,代理人才会选择 a :

$(IC): \int u\{s[x(a,\theta)]\}g(\theta)d\theta - c(a) \geqslant \int u\{s[x(a',\theta)]\}g(\theta)d\theta - c(a'), \forall a' \in A$

Mirrlees 与 Holstom(1974—1979)开始使用的另一种模型化方法,叫分布函数参数化方法:它是将上述自然状态 θ 的分布函数转换为行动结果 x 和收益 π 的分布函数。给定 θ 的分布函数 $G(\theta)$,对应每一个行动 a ,存在一个 x 和 π 的分布函数,后者可通过 $x(a,\theta)$ 和 $\pi(a,\theta)$ 从原分布函数 $G(\theta)$ 导出,用 $F(x,\pi,a)$ 和 $f(x,\pi,a)$ 分别表示所导出的分布函数及其密度函数。

在上述模型化方法中,效用函数对 θ 取期望值,而在此参数化方法中,效用函数对行动结果 x (可观测到的变量)取期望值。于是,模型可表述为:

$P: \max\limits_{a,s(x)} \int v[\pi - s(x)]f(x,\pi,a)dx$

$(IR): \int u[s(x)]f(x,\pi,a)dx - c(a) \geqslant \bar{u}$

$(IC): \int u[s(x)]f(x,\pi,a)dx - c(a) \geqslant \int u[s(x)]f(x,\pi,a')dx - c(a'), \forall a' \in A$

当考虑到只有一个变量 π 可观测到,即 $x = \pi$ 。则上述模型中,可消除 x 、dx 换为 $d\pi$,模型将更简化:

$P: \max\limits_{a,s(x)} \int v[\pi - s(\pi)]f(\pi,a)d\pi$

$(IR): \int u[s(\pi)]f(\pi,a)d\pi - c(a) \geqslant \bar{u}$

$(IC): \int u[s(\pi)]f(\pi,a)d\pi - c(a) \geqslant \int u[s(\pi)]f(\pi,a')d\pi - c(a'), \forall a' \in A$

第二节 私募股权投资基金产业链 各成员协同机制模型分析

一、私募股权投资基金产业链

PE 投资基金产业链如图 3-1 所示。

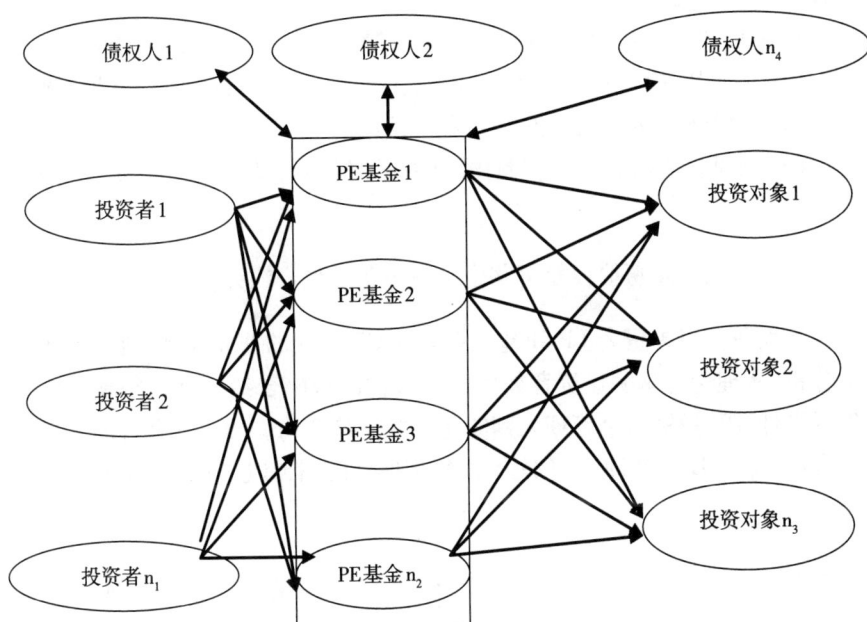

图 3-1　私募股权投资基金产业链

这条产业链涉及各类投资者、基金管理人、投资对象、债权人等主体。我们以 PE 投资基金产业链所有成员为例，来说明他们之间应该如何协同。

例如，如果我们把 PE 投资基金管理人称为委托人，投资对象称为代理人，则它们之间形成的委托代理关系具有如下特征：(1)委托人(基金管理人)设计合约，并将合约提供给代理人(投资对象)；(2)如果代理人(投资对象)认为合约带来的效用大于其他机会收益的效用，他就接受合约；(3)代理人(投资对象)代表委托人(基金管理人)实施行动或努力。

我们看到，代理人(投资对象)与委托人(基金管理人)具有目标冲突性。报酬是代理人(投资对象)的收益，却是委托人(基金管理人)的成本；代理人(投资对象)的努力有利于委托人(基金管理人)，却是自己要付出的成本。

激励机制是用来规范 PE 投资基金产业链上各协同成员行动的制度。从协同角度来看，它既包括对促进协同绩效行为的激励功能，也包括对妨碍协同行为的约束功能。

PE 投资基金产业链成员的有效协同可以提升 PE 投资基金产业链整体的竞争优势，增加系统的总收益或减少总运营成本，但是必须建立公平有效的分配机制，实现 PE 投资基金产业链各成员的多赢，才能保持 PE 投资基金产业链系统的良好运作。

良好的 PE 投资基金产业链的协同机制主要包括以下几个方面：

（1）实现 PE 投资基金产业链协同收益或链上总成本的合理分配或分摊。

（2）激励链上协同成员投入更多的努力。

（3）约束各成员忠实地按照预定的协同规划行动，避免"搭便车"的行为产生。

二、私募股权投资基金产业链各成员合约订立过程

下面我们以投资者 LP 和基金管理人 GP 之间的博弈为例，通过具体模型分析，从理论上阐明投资者如何建立最优的报酬合约。合约条款是由投资者设计，PE 投资基金管理人判断是否接受该合约。如果基金管理人接受该合约，那么基金管理人将努力工作以获得报酬，其运行的情况如图 3-2 所示。

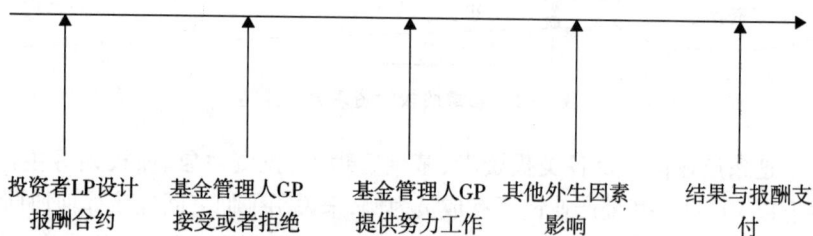

投资者LP设计报酬合约　基金管理人GP接受或者拒绝　基金管理人GP提供努力工作　其他外生因素影响　结果与报酬支付

图 3-2　投资者合约订立过程

投资者在设计合约时需要预测 PE 基金管理人是否会接受合约、PE 基金管理人在接受合约之后的努力程度以及 PE 基金管理人的对策。因此，在建立模型的时候，要根据基金管理人利益最大化来得出基金管理人的反应函数，在此基础上，投资者再制定使自己利益最大化的报酬合约。

同样，PE 基金管理人和投资对象（企业或项目）之间的合约，则按如下过程订立，如图 3-3 所示。

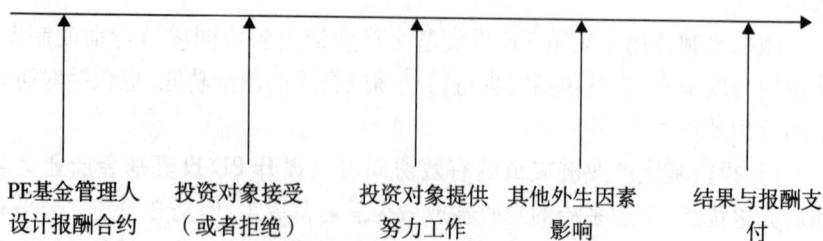

PE基金管理人设计报酬合约　投资对象接受（或者拒绝）　投资对象提供努力工作　其他外生因素影响　结果与报酬支付

图 3-3　PE 基金管理人合约订立过程

三、私募股权投资基金产业链各成员合约模型的机制设计

（一）私募股权投资基金产业链各成员努力程度和贡献系数的函数

假设 PE 投资基金产业供应链上 n 个企业（含若干投资者、若干基金管理人、若干投资对象、若干债权人等）参与了协同创新，分别为成员 i（i = 1,…,n）。

PE 基金产业链上协同创新的投入包括固定投入（如资金、工资等）和不固定投入（主要指各个成员的主观努力程度），因此各成员的成本也由两部分组成：客观投入成本和主观投入成本。

其中客观投入成本容易观察和计算，可以认为是合约规定的一个常数。主观投入成本与努力程度有关，它随着努力程度的增加而增加，且是努力程度的二次函数。用 e_i 分别表示 PE 投资基金产业链各个成员的工作努力水平；α_i 表示个成员工作的贡献系数（其大小取决于成员核心能力的独特性和相对重要性）；β_i 表示各成员活动的成本系数（仅与主观投入成本相关，与客观投入成本无关）；CA_i、CB_i 分别表示产业链上协同各成员的客观投入成本和主观投入成本，这里 CA_i、CB_i 均为大于 0 的常数。

又设 PE 投资基金产业链协同的总收入为 R，各成员在总收入中的分配比例分别为 p_i，其中 $0 < p_i < 1, \sum_{i=0}^{n} p_i = 1$。

π_w 为所有 PE 投资基金产业链协同各成员的净收益，则

$$\pi_w = R - \sum_{i=1}^{n}(CA_i + CB_i)$$

π_i 为 PE 投资基金产业链协同各成员的净收益，则

$$\pi_i = p_i R - CA_i - CB_i$$
$$R = g(e_1, \alpha_1, \ldots, e_n, \alpha_n)$$
$$CB_i = f_i(e_i, \alpha_i)$$

把 $R = g(e_1, \alpha_1, \ldots, e_n, \alpha_n)$ 和 $CB_i = f_i(e_i, \alpha_i)$ 代入 $\pi_i = p_i R - CA_i - CB_i$ 可得：

$$\pi_i = p_i R - CA_i - f_i$$

即 π_i 也是作为努力程度 e_i 和贡献系数 α_i 的函数：$\pi_i = \pi_i(e_i, \alpha_i)$。

（二）私募股权投资基金产业链各成员努力水平 e_i 的确定

根据动态博弈的求解方法，进行博弈的反向推导。

首先考虑双方博弈的第二步。假定分配比例已经确定，我们来分析 PE

投资基金供应链上各成员会怎样选择自己的行动(即努力水平)。根据 $\pi_i = p_i R - CA_i - f_i$ 对 e_i 求偏导数,可得到 PE 投资基金产业链上各成员为追求自身利益最大时的水平:

$$\frac{\partial \pi_i}{\partial e_i} = p_i \times \frac{\partial g}{\partial e_i} - CA_i - \frac{\partial f_i}{\partial e_i} = 0 \qquad (i = 1, 2, \ldots, n)$$

$$e_i = \arg_{e_i} \max(p_i R - CA_i - CB_i) \qquad (i = 1, 2, \ldots, n)$$

(三) 私募股权投资基金产业链各成员分配比例系数 p_i 的确定

其次考虑双方博弈的第一步,即确定最优分配比例系数 p_i。

从上面的推算可以知道,分配比例系数要影响每个协同成员的努力程度,由此分配比例系数也就决定了整个产业链的利润水平。我们认为在第一步博弈中,协同企业之间是合作的,它们制定分配比例系数是为了能够使整个 PE 投资基金产业链的利润取得最大值:

$$\frac{\partial \pi_w}{\partial p_i} = \sum_{i=1}^{n} \frac{\partial g}{\partial e_i} \frac{\partial e_i}{\partial p_i} = 0$$

$$p_i = \arg_{p_i} \max\left(R - \sum_{i=1}^{n} (CA_i + CB_i)\right) \qquad (i = 1, 2, \ldots, n)$$

根据上式,我们可以求出 PE 投资基金产业链上各个成员的分配系数 p_i。

第三节 投资者与基金管理人
最优合约模型的构建

一、投资者与基金管理人最优合约模型的假设条件

(1)在 PE 投资的 N 个连续阶段中,基金管理人以有限合伙的形式接受了 N 轮投资者的投资。

(2)在每个阶段投资者和基金管理人建立合约,基金管理人的固定收益为 α_t,可变收益的份额为 β_t,β_t 取决于该 PE 投资的实际收益。

(3)在第 t 阶段,创业基金的利润 π_t 与基金管理人的努力程度 e_t、自身能力 θ 和外界随机变量 u_t 有关,即 $\pi_t = f(e_t, \theta, u_t)$。为了简便,设 π_t 为线性函数:$\pi_t = e_t + \theta + u_t$。

(4)基金管理人在第 t 阶段对项目注入个资金为 D_t,获得的股份数占该期总股数的比例为 Y_t,即 $Y_t \le D_t/T_t$,T_t 为第 t 期的投资总额。

(5)基金管理人在第 t 阶段经营项目成功的概率为 p_t,经营项目失败

的概率为 $1-p_t$ 。若在第 t 阶段经营成功,基金管理人除按合约获得固定收益和可变收益外,还可获得个人投入资本金的股权收益;若经营失败,则以他投入的个人资金承担风险责任。

(6)基金管理人付出的努力成本函数 c_t 与其自身的能力 θ 及工作努力程度 e_t 有关,能力 θ 越强,则 c_t 越小; e_t 越大,则 c_t 越大,即 $\partial c_t/\partial \theta \leqslant 0$, $\partial c_t/\partial e_t \geqslant 0$ 。基金管理人的努力成本函数可设 c_t 为:

$$c_t = ke_t^2/(2\theta) \tag{1}$$

二、投资者与基金管理人的报酬支付模型构建

基于以上 6 个假设,我们构建投资者对基金管理人的报酬支付模型如下:

$$s_t = \alpha_t + p_t\beta_t\pi_t + p_tY_t(1-\beta_t)\pi_t - (1-p_t)D_t \tag{2}$$

基金管理人的目标是想通过选择努力水平来使其效用达到最大化,即:

$$\max EU_{GP} = \sum_{t=1}^{N} \delta^{t-1}(s_t - c_t) \tag{3}$$

其中 δ 为折现因子(或消耗系数)。

将(1)式中的 c_t 、(2)式中的 s_t 代入(3)式中得:

$$\max EU_{GP} = \sum_{t=1}^{N} \delta^{t-1}\left[\alpha_t + p_t\beta_t\pi_t + p_tY_t(1-\beta_t)\pi_t - (1-p_t)D_t - ke_t^2/(2\theta)\right] \tag{4}$$

令 $U_1 = \alpha_t + p_t\beta_t\pi_t + p_tY_t(1-\beta_t)\pi_t - (1-p_t)D_t - ke_t^2/(2\theta)$,则问题转化为求 U_1 的最大值。由 $\partial U_1/\partial e_t = 0$ 可得,基金管理人最优的努力水平为:

$$e_t = \frac{\theta \times p_t[\beta_t + Y_t(1-\beta_t)]}{k} \tag{5}$$

(5)式即为基金管理人最优的努力水平。将(5)式代入(4)式可得到基金管理人最佳的效用值 EU_{GP} 。(5)式表明:基金管理人自身能力与努力程度成正比例关系,基金管理人自身能力越高,创业项目成功的可能性越大,他们越易于努力工作。除此之外,基金管理人的最优努力水平 e_t 还与 β_t 和 Y_t 有关。

我们将最优努力水平 e_t 分别对 p_t 、 β_t 和 Y_t 求一阶导数得:

$$\frac{\partial e_t}{\partial p_t} = \frac{\theta}{k}[\beta_t + Y_t(1-\beta_t)] \geqslant 0 \tag{6}$$

$$\frac{\partial e_t}{\partial \beta_t} = \frac{\theta \times p_t}{k}(1-Y_t) \geqslant 0 \tag{7}$$

$$\frac{\partial e_t}{\partial Y_t} = \frac{\partial p_t}{\partial k}(1 - \beta_t) \geqslant 0 \qquad (8)$$

三、投资者与基金管理人的报酬支付模型结论

从上文可知,增加基金管理人的收益分成 β_t、增大基金管理人对创业项目注入的资本金数、增大其股份分成 Y_t 都会刺激基金管理人增大其努力工作水平。创业项目的可能性越大,基金管理人也越愿意努力工作,这与人的心理反应是一致的。

在这个支付模型中,由于要求基金管理人对创业项目投入一定的资本金,在项目投资失败后要以他注入的资本金承担连带责任,这就对基金管理人轻率的冒险行为形成一种钳制作用,同时也会极大地激励基金管理人努力地工作。

第四节　投资者与基金管理人之间
报酬协同机制研究

一、投资者与基金管理人之间报酬协同机制

(一) 投资者与基金管理人之间均衡合约的条件

投资者和基金管理人之间的关系是一种委托—代理关系,最优的激励合约设计是建立在投资者和基金管理人各自效用最大化的基础之上的。

根据委托—代理理论,投资者不可能利用强制合约来使基金管理人选择他所希望的行动,投资者必须设计出基金管理人能够接受的合约,这一合约能够使基金管理人在追求自身期望效用最大化的同时实现投资者期望效用最大化。对基金管理人来讲,他可以利用自己的信息优势,在努力工作与不努力工作之间找到一个平衡,以实现自身效用的最大化,而这种最大化是以投资者的利益为代价的。投资者与基金管理人通过博弈会达成一个合约,即均衡合约。这个均衡合约必须满足下列三个条件:

(1)基金管理人在接受合约的同时得到的期望效用不能小于不接受合约时所得的最大效用(保留效用 s_0),这叫做参与约束或个体理性约束 IR。

(2)投资者效用最大化的实现要以基金管理人效用最大化的实现为前提,这叫做激励相容约束 IC。

(3)投资者向基金管理人支付报酬后所获得的效用不可能因为采用任何其他合约而有所提高,即投资者期望效用的最大化,也就是他的目标

函数。

（二）投资者与基金管理人之间均衡合约模型构建

根据上面三个条件得知：我们的目的是要使投资者的期望效用最大化，如下：

$$\max EU_{LP} = E\big[\sum_{t=1}^{N} \delta^{t-1}(\pi_t - s_t)\big] \tag{9}$$

并使基金管理人满足参与约束条件和激励相容条件：

$$s.t.IR:EU_{GP} = E\big[\sum_{t=1}^{N} \delta^{t-1}(s_t - c_t)\big] \geqslant s_0 \tag{10}$$

$$IC:\max EU_{GP} = E\big[\sum_{t=1}^{N} \delta^{t-1}(s_t - c_t)\big] \tag{11}$$

s_0 为保留收益。

在激励相容约束（11）式中，我们已经求出的基金管理人最优的努力水平为：

$$e_t = \frac{\theta \times p_t[\beta_t + Y_t(1 - \beta_t)]}{k}$$

此即为前面的（5）式。

将参与约束条件 IR［（10）式］代入目标函数（9）式，可得：

$$\max EU_{LP} = E\big[\sum_{t=1}^{N} \delta^{t-1}\pi_t(e_t,\theta,u_t) - \sum_{t=1}^{N} \delta^{t-1}c_t - s_0\big] \tag{12}$$

在（12）式中，对 β_t 求导，令其等于0，得：

$$\frac{\partial \pi_t}{\partial e_t} \times \frac{\partial e_t}{\partial \beta_t} - \frac{\partial c_t}{\partial e_t} \times \frac{\partial e_t}{\partial \beta_t} = 0 \tag{13}$$

将 $\pi_t = e_t + \theta + u_t$，$c_t = ke_t^2/(2\theta)$，$e_t = \dfrac{\theta \times p_t[\beta_t + Y_t(1 - \beta_t)]}{k}$ 代入

（13）式得：

$$p_t[\beta_t + Y_t(1 - \beta_t)] = 1 \tag{14}$$

如果我们知道基金管理人投入资金所得的股份 Y_t 与项目成功的概率 p_t，我们就可求出基金管理人在最优的努力水平下，投资者愿意支付给基金管理人基金利润的最优比例，如下：

$$\beta_t^* = \frac{1 - Y_t p_t}{p_t(1 - Y_t)} \tag{15}$$

假定 $p_t = 1$，则 $\beta_t^* = 1$，这说明最优激励合约要求基金管理人获得全部收益，同时也必须承担全部风险，其努力水平达到最大 $e_t = \theta/k$。同理，我们

可求出在给定 β_t 与 p_t 的条件下,基金管理人需要注入的最优资本金额,这可由 Y_t 求出。

在(12)式中,对 Y_t 求导,令其等于0,得:

$$\frac{\partial \pi_t}{\partial e_t} \times \frac{\partial e_t}{\partial Y_t} - \frac{\partial c_t}{\partial e_t} \times \frac{\partial e_t}{\partial Y_t} = 0 \tag{16}$$

将 $\pi_t = e_t + \theta + u_t$, $c_t = ke_t^2/(2\theta)$, $e_t = \dfrac{\theta \times p_t[\beta_t + Y_t(1 - \beta_t)]}{k}$ 代入

(16)式得:

$$p_t[Y_t + \beta_t(1 - Y_t)] = 1 \tag{17}$$

如果我们知道基金管理人的可变收益份额 β_t 与项目成功的概率 p_t ,我们就可求出基金管理人在最优的努力水平下,基金管理人愿意注入的最优资本金额 Y_t :

$$Y_t^* = \frac{1 - p_t \times \beta_t}{p_t \times (1 - \beta_t)} \tag{18}$$

假定 $p_t = 1$,则 $Y_t^* = 1$,这说明此时基金管理人集投资者、资本家和创业者于一身。他将获得全部收益,同时承担全部风险,其努力水平也达到最大,即 $e_t = \theta/k$ 。

由此,我们可在某些条件给定的情况下来设计最优合约,以此来激励基金管理人按照投资者的愿望实现他们各自的期望效用最大化。

（三）投资者 LP 与基金管理人 GP 之间报酬协同机制结论

根据以上分析,我们可以得出如下结论:

（1）采用连续支付报酬的激励模式,可使基金管理人时时感到激励的存在,这更易于他们努力工作。

（2）采用显性支付报酬模式,极大刺激了基金管理人的工作热情,并有效防范了在 PE 投资的最后一个阶段基金管理人道德风险的发生。

（3）要求基金管理人对 PE 投资项目投入一定的资本金,这对基金管理人产生了极强的激励与约束,同时对基金管理人轻率的冒险行为形成了一种制约,也减轻了投资者的风险和责任,并最小化了代理成本。

（4）最优的激励机制是以投资者和基金管理人效用最大化为基础的,要使投资者效用最大化,暗含着两个约束条件:一个是基金管理人得到的期望效用不能小于不接受合约时得到的最大期望效用（保留效用）,这是参与约束;另一个是投资者效用最大化的实现要以基金管理人效用最大化的实现为前提,这是激励相容约束。在满足这两个条件的情况下,投资者所制定的激励机制才是最有效的。

二、投资者 LP 与基金管理人 GP 之间报酬协同机制案例研究

假设 PE 投资项目分三期投资：各期的投资额相等，$T_1 = T_2 = T_3 = 600$ 万元；每期的基金管理人注入的资金额也相等，$D_1 = D_2 = D_3 = 20$ 万元；每期基金管理人的固定收益都为 10 万元，即 $\alpha_1 = \alpha_2 = \alpha_3 = 10$ 万元，每期成功的概率 $p_1 = p_2 = p_3 = 0.7$。第一期收益 $\pi_1 = 100$ 万元，基金管理人可获得的可变收益分成 $\beta_1 = 0.3$；第二期收益 $\pi_2 = 200$ 万元，基金管理人可获得的可变收益分成 $\beta_2 = 0.4$；第三期收益 $\pi_3 = 600$ 万元，基金管理人可获得的可变收益分成 $\beta_3 = 0.5$。同时假定基金管理人自身的能力 $\theta = 1$，常数 $k = 1$。计算基金管理人每期所获得的收益，并比较基金管理人所获得的可变收益分成对基金管理人努力程度的影响。

根据前面介绍的公式，我们有：

$$s_t = \alpha_t + p_t\beta_t\pi_t + p_tY_t(1-\beta_t)\pi_t - (1-p_t)D_t \quad (t = 1,2,3)$$

$$e_t = \frac{\theta \times p_t[\beta_t + Y_t(1-\beta_t)]}{k} \quad (t = 1,2,3)$$

将有关的已知数据置于表 3-4 中。简洁的公式输入方法是：在 E6 单元格中输入计算公式"= B7+B10 * B16 * B13+B10 * B4/B1 * (1-B16) * B13-(1-B10) * B4"，然后复制至 E8。在 E10 单元格中输入计算公式"= B19 * B10 * [B16+B4/B1 * (1-B16)]/ B20"，然后复制至 E12（如表 3-4 所示）。

表 3-4　私募股权投资的计算公式

	A	B	C	D	E
1	T_1	600			
2	T_2	600			
3	T_3	600			
4	D_1	20			
5	D_2	20			
6	D_3	20		s_1	= B7+B10 * B16 * B13+B10 * B4/B1 * (1-B16) * B13-(1-B10) * B4
7	α_1	10		s_2	= B8+B11 * B17 * B14+B11 * B5/B2 * (1-B17) * B14-(1-B11) * B5
8	α_2	10		s_3	= B9+B12 * B18 * B15+B12 * B6/B3 * (1-B18) * B15-(1-B12) * B6

	A	B	C	D	E
9	α_3	10			
10	p_1	0.7		e_1	$= \$B\$19 * B10 * [B16 + B4/B1 * (1-B16)]/\$B\$20$
11	p_2	0.7		e_2	$= \$B\$19 * B11 * [B17 + B5/B2 * (1-B17)]/\$B\$20$
12	p_3	0.7		e_3	$= \$B\$19 * B12 * [B18 + B6/B3 * (1-B18)]/\$B\$20$
13	π_1	100			
14	π_2	200			$= (1-B10 * B16)/[B10 * (1-B16)]$
15	π_3	600			$= (1-B11 * B17)/[B11 * (1-B17)]$
16	β_1	0.3			$= (1-B12 * B18)/[B12 * (1-B18)]$
17	β_2	0.4			
18	β_3	0.5			
19	θ	1			
20	k	1			

根据上述表3-4的计算公式，可得到如表3-5所示的计算结果。

表3-5 私募股权投资的计算结果

	A	B	C	D	E
1	T_1	600			
2	T_2	600			
3	T_3	600			
4	D_1	20			
5	D_2	20			
6	D_3	20		s_1	26.6333
7	α_1	10		s_2	62.8000
8	α_2	10		s_3	221.0000
9	α_3	10			
10	p_1	0.7		e_1	0.2263
11	p_2	0.7		e_2	0.2940

	A	B	C	D	E
12	p_3	0.7		e_3	0.3617
13	π_1	100			
14	π_2	200		y_1	1.6122
15	π_3	600		y_2	1.7143
16	β_1	0.3		y_3	1.8571
17	β_2	0.4			
18	β_3	0.5			
19	θ	1			
20	k	1			

根据表3-5,可得如下结论:

(1)当每期的收益 π_1、π_2、π_3 增多时,基金管理人的收益 s_1、s_2、s_3 也会大幅增加。

(2)当 PE 投资项目成功的概率为 0.7、基金管理人的可变收益 0.3 的情况下,此 PE 投资项目中的基金管理人的努力程度为 0.23,此基金管理人没付出太大的努力。

(3)当基金管理人的可变收益分成 β_t 增大时,基金管理人所付出的努力程度、基金管理人愿意注入的最优资本金额也在增加。

第五节　指数效用函数下的投资人与基金管理人的报酬协同机制研究

根据第二章第五节的内容可知,在理论上,相对于公司制的 PE 投资基金,有限合伙制的 PE 投资基金在解决委托代理问题上更具有优势。下面我们从指数效用函数的角度来研究投资者和基金管理人之间的报酬协同机制。

Sahlman(1990)认为,建立合理的报酬机制,将管理者的管理费用与资本利得相分离,使其收入与经营业绩高度相关,就能够有效解决 LP 和 GP 的代理冲突问题。因此,LP 对 GP 激励的中心环节是以收益分配的形式对 GP 进行补偿,即其得到的报酬同业绩高度相关,而且业绩报酬要远大于管理费用。

下面我们通过具体模型,从理论上阐明投资人 LP 是如何建立最优的报酬合约。合约条款是由投资人 LP 设计,基金管理人 GP 判断是否接受该合约,如果 GP 接受该合约,那么 GP 将努力工作以获得报酬,其运行的情况如图 3-4 所示。

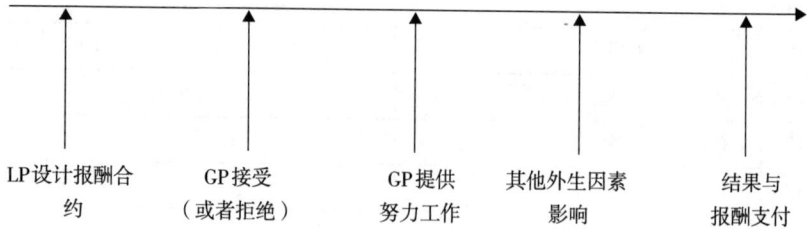

图 3-4　合约订立过程

LP 在设计合约时,需要预测 GP 是否会接受合约、GP 在接受合约之后的努力程度以及 GP 的对策。因此,在建立模型时,要根据 GP 利益最大化来得出 GP 的反应函数,在此基础上,LP 再制定使自己利益最大化的报酬合约。

假设在连续 n 个周期里 GP 以有限合伙制的形式接收了 n 轮资金,并且 GP 的努力水平和产出是连续的,而委托人的监督是离散的(周期性的监督),那么 GP 的激励合约(报酬函数) $G_t(\pi_t)$ 为线性函数,该报酬函数由固定收益 S_t 和可变收益组成。GP 的收益分成比例为 β_t ,则 GP 的报酬合约函数为:

$G_t(\pi_t) = s_t + \beta_t \pi_t$, π_t 为在时期 t 内投资的收益函数。

这里还假设: $\pi_t = \eta + e_t + \varepsilon_t$

η 代表 GP 的能力(如项目筛选能力、投资管理能力等),且 η 与时间无关,服从均值为 0、方差为 σ_η^2 的正态分布; e_t 为 GP 在时期 t 的努力水平,而且投资者 LP 不能观察到 GP 的努力水平; ε_t 为外生的随机误差项,服从均值为 0、方差为 σ_ε^2 的正态分布; ε_t 独立于 η 。

假设 GP 的努力成本可以用货币来衡量,在给定的努力水平 e_t 下,GP 的努力成本函数为 $C(e_t)$ 具有凸性。那么,则有 $C'(0) = 0, C'(\infty) \rightarrow + \infty$, $C''(e_t) > 0$,且满足均衡合约的唯一性。

GP 的目标函数是通过努力水平 e_t 来最大化其效用,即

$$U_{GP} = r \sum_{t=1}^{n} \delta^{t-1} \left[G_t(\pi_t) - C(e_t) \right]$$

式中: r 为 GP 的风险规避系数,假设 r 为常数; δ 为恒定的贴现率,且 $\delta \in (0,1]$ 。

为了计算方便,下面我们采用 Gompers 和 Lerner(1999)的效用函数

$$U(\pi_t, e_t \mid t = 1, \ldots, n) = - \exp\left\{ - r \sum_{t=1}^{n} \delta^{t-1} [G_t(\pi_t) - C(e_t)] \right\} \, 。$$

令 $W_t = \delta^{t-1} [G_t(\pi_t) - C(e_t)]$，则 GP 的期望效用为：

$$E[U(\pi_t, e_t \mid t = 1, \ldots, n)] = - E\left[\exp\left(- r \sum_{t=1}^{n} W_t \right) \right] \tag{19}$$

由于 π_t 服从正态分布，根据正态分布的性质可知，W_t 也服从正态分布。其均值和方差分别为：

$$E(W_t) = \delta^{t-1} E[G_t(\pi_t) - C(e_t)] = \delta^{t-1} [s_t + \beta_t e_t - C(e_t)] \tag{20}$$

$$Var(W_t) = \delta^{2(t-1)} \beta_t^2 (\sigma_\eta^2 + \sigma_\varepsilon^2) \tag{21}$$

可以证明，如果 x 服从正态分布，则有：

$$E(e^{-rx}) = e^{-rE(x) + 1/2 r^2 Var(x)} \tag{22}$$

所以，根据（20）、（21）、（22）三式，则（19）式可以写成：

$$- E\left[\exp\left(- r \sum_{t=1}^{n} W_t \right) \right] = - \exp\left\{ \sum_{t=1}^{n} - r \delta^{t-1} [s_t + \beta_t e_t - C(e_t)] + 1/2 r^2 \delta^{2(t-1)} \beta_t^2 (\sigma_\eta^2 + \sigma_\varepsilon^2) \right\}$$

假设 U_0 为 GP 的保留效用（就是外部机会提供给 GP 的预期效用），那么 GP 的参与约束为：

$$- \exp\left\{ \sum_{t=1}^{n} - r \delta^{t-1} [s_t + \beta_t e_t - C(e_t)] + 1/2 r^2 \delta^{2(t-1)} \beta_t^2 (\sigma_\eta^2 + \sigma_\varepsilon^2) \right\} \geqslant U_0 \tag{23}$$

对于 GP 而言，他们接受 LP 的报酬 $G_t(\pi_t)$ 所得的期望效用应该不小于他们不接受 $G_t(\pi_t)$ 时能得到的最大期望效用。

假设 U_0 对应的 W 为 W_0，所以（23）式的参与条件也可以表述为：

$$\sum_{t=1}^{n} \{ [s_t + \beta_t e_t - C(e_t)] - 1/2 r \delta^{(t-1)} \beta_t^2 (\sigma_\eta^2 + \sigma_\varepsilon^2) \} \geqslant W_0 \tag{24}$$

可见，当 $r \neq 0$，GP 是风险规避者，则每个投资周期的确定性等价收益为每个投资周期的投资收益的期望值减去 GP 的风险成本，即 $1/2 r \delta^{(t-1)} \beta_t^2 (\sigma_\eta^2 + \sigma_\varepsilon^2)$。

假设 $C(e_t) = be_t^2$，其中 b 是外生的劳动努力负效用调节系数，$0 < b \leqslant 1$。GP 在有限合伙企业中的管理权越大，则 b 越小。

当 b = 1 时，LP 完全行使企业的控制权；当 b = 0 时，GP 完全行使企业的控制权。

对式（23）中的 e_t 求一阶偏导，可得到激励相容约束条件

$$\beta_t \geqslant C'(e_t) \tag{25}$$

假设 $\beta_t = C^{'}(e_t)$，将 e_t^* 代入(24)式,取等号,则可得出 GP 可以接受的最低工资 s_0。

因为(24)式和(25)式就是 GP 的反应函数,在此基础上,LP 就可以制订使自己获得最大剩余利益的工资水平和分成比例。

假设 LP 的效用函数表述为

$$V_{LP} = E\Big\{ \sum_{t=1}^{n} \delta^{t-1} [\pi_t(\eta, e_t, \varepsilon_t) - G(\pi_t)] \Big\} \qquad (26)$$

在考虑到 GP 的参与约束和激励相容的基础上,LP 寻求约束条件下的效用最大化,如下:

$$\max V_{LP} = \max E\Big\{ \sum_{t=1}^{n} \delta^{t-1} [\pi_t(\eta, e_t, \varepsilon_t) - G(\pi_t)]$$

$$s.t. \sum_{t=1}^{n} \{[s_t + \beta_t e_t - C(e_t)] - 1/2r\delta^{(t-1)}\beta_t^2(\sigma_\eta^2 + \sigma_\varepsilon^2)\} \geqslant W_0$$

$$\beta_t \geqslant C^{'}(e_t)$$

构建拉格朗日函数,得到最优的利润分成比例为

$$\beta_t = \frac{1}{2b + r\delta^{(t-1)}(\sigma_\eta^2 + \sigma_\varepsilon^2)}$$

由此,我们可以得到以下结论:

(1) $\dfrac{\partial \beta_t}{\partial b} < 0$ 表示劳动努力负效用调节系数越小,分成比例越大;又因为劳动努力负效用调节系数与 GP 的控制权负相关,所以 GP 的控制权越大,分成比例越大。

(2) $r \neq 0$ 表示 GP 为风险规避者, $\dfrac{\partial \beta_t}{\partial r} < 0$ 表示 GP 的风险规避度越低,其获得的收益越高。

(3) $\dfrac{\partial \beta_t}{\partial \delta} < 0$ 表示折现率越低,GP 获得的最优报酬支付就越高。

(4) $\dfrac{\partial \beta_t}{\partial \sigma_\eta^2} < 0$ 表示 GP 的能力不确定性越大,最优报酬支付水平就越低。

(5) $\dfrac{\partial \beta_t}{\partial \sigma_\varepsilon^2} < 0$ 表示外生因素影响的不确定性越大,最优报酬支付水平就越低。

第四章　投资者与基金管理人的声誉协同机制研究

第一节　声誉对基金管理人决策行为的影响

声誉是一种保证形式,它是拥有私人信息的交易方对没有私人信息的交易方的一种承诺。因为原有的投资都是一种沉淀成本,沉淀成本越高,丧失声誉的机会成本也就越高,而且声誉的建立要比声誉的毁坏难得多,所以声誉具有很强的路径依赖特征。当事人对自身声誉投资越来越多时,他就越发关注自身的声誉,愿意为维持和扩大声誉作进一步的努力。

除了报酬激励外,声誉激励也是一个重要的激励机制。Gompers 和 Lerner(2001)指出:PE 投资基金存在的时间是有限的,因此,一个 PE 基金必须要建立起经过实践检验的可信记录,才能在将来的日子里募集到新基金,继续从事目前股权 PE 业务。良好的声誉可以帮助 GP 募集更大的基金,在利润分配上具有更大的谈判权,并获得更多更好的项目。声誉模型是指在表明声誉对经理人的决策行为的影响以及声誉机制作用机理的经济学模型。法玛(Fama)认为,经理人(代理人)的机会主义行为在现实中可以用"时间"解决。他认为,在竞争的经理人市场上,经理人的市场价值取决于其过去的经营绩效。从长期来看,经理人必须对自己的行为负完全责任。因此,即使没有显性激励合约,经理人也有努力工作的积极性,因为这样做可以改进自己在经理人市场上的声誉,从而提高未来的收入。

第二节　投资者与基金管理人的声誉协同机制分析

事实上,LP 和 GP 之间的交易可以看作双方博弈的过程,在美国由于强制信息披露的要求,PE 市场相对来说是一个信息极不对称的市场,GP 是信息优势方,LP 是信息劣势方,但是由于专业化的基金管理人 GP 市场的出现,有效地降低了信息不对称带来的逆向选择和道德风险。而在此过程中,GP 的声誉效应起到了重要的作用,对 GP 形成有效的激励和约束。下面通过模型来说明。

设 π_t 为时期 t 内投资的收益函数,并且

$$\pi_t = ce_t + d\theta + \varepsilon_t (t = 1,2) \qquad (1)$$

上式中:c 和 d 为常数,$c > 0, d > 0$;e_t 为 GP 在时期 t 的努力水平;θ 为 GP 的能力变量,$E(\theta) > 0, Var(\theta) = \sigma_\theta^2$;$\varepsilon_t$ 为外生的随机扰动项,服从均值为零、方差为 σ_ε^2 的正态分布。

假设 ε_1、ε_2 相互独立,所以 $\mathrm{cov}(\varepsilon_1, \varepsilon_2) = 0$

$$E(\pi_t) = ce_t + dE(\theta)$$

$$Var(\pi_t) = d\sigma_\theta^2 + \sigma_\varepsilon^2$$

假设 GP 的声誉由以前的业绩来反映,以前的业绩用 LP 从已经清盘的 PE 基金中获得的平均年收益与期望的收益之比来衡量,即

$$y_i = \frac{(1-\beta)\pi_i}{nR_r I_{i-1}} (i = 1,2\cdots)$$

上式中:I_{i-1} 为 LP 的投资额度,GP 的收益分成比例为 β,所以 LP 的分成比例为 $1 - \beta$。根据实际操作,我们令 $\beta = 20\%$,$n = 10$;LP 的期望收益率为 R_r,$R_r = R_f + R_p$,其中 R_f 为无风险收益率,R_p 为风险溢价。

由于 GP 的声誉包含了所有的已清盘的 PE 基金的业绩信息,所以 GP 的声誉指数 f 可以用以下式子表示:

$$f_m = \prod_{i=1}^{m} y_i = \left(\frac{0.08}{R_r}\right)^m \prod_{i=1}^{m} \frac{\pi_i}{I_{i-1}}$$

上式中:m 是已清盘的 PE 基金的数目。

由上式可以看出,GP 为了保持良好的声誉必须努力保证每一只 PE 基金都有较高的收益率,一次较低的收益都会使其声誉大受影响,一次负的收益甚至可以使其名誉扫地。

假设 LP 通过观测 GP 的声誉指数 f 来决定对下一只 PE 基金的投资额度,假设该投资额度同 GP 的声誉指数以及上一只 PE 基金的投资额度成正比,即

$$I_i = f_i I_{i-1}$$

假设 GP 是风险中性或者风险厌恶,GP 的风险规避系数 $\rho \geq 0$。假设 GP 每年获取 1% 的管理费,利润分成比例 β 等于 20%,GP 的努力成本函数为 $C(e_i)$,并且 $C'(e_i) > 0, C''(e_i) > 0$,令 $C(e_i) = 0.5be_i^2$,其中 $b > 0$,则 GP 的两阶段的总效用为

$$U_1 = 10 \times 0.01 I_0 + 0.2\pi_1 - C(e_1) + \delta[10 \times 0.01 I_1 + 0.2\pi_2 - C(e_2)]$$

上式中:δ 为折现系数。

根据确定性等价原理,可以得到 GP 的确定性等价收入为

$$EU_1 = 10 \times 0.01I_0 + 0.2\pi_1 - 0.5be_1^2 - 0.5 \times 0.2\rho(d^2\sigma_\theta^2 + \sigma_\varepsilon^2)$$
$$+ \delta[10 \times 0.01I_1 + 0.2\pi_2 - 0.5be_2^2 - 0.5 \times 0.2\rho(d^2\sigma_\theta^2 + \sigma_\varepsilon^2)]$$

整理得

$$EU_1 = 0.1(1 + \delta f_1)I_0 + 0.2c(e_1 + \delta e_2) + 0.2dE(\theta)(1 + \delta)$$
$$- 0.5b(e_1^2 + \delta e_2^2) - 0.1\rho(1 + \delta)(d^2\sigma_\theta^2 + \sigma_\varepsilon^2)$$

在第一阶段,由于 GP 还要后续融资,GP 必须考虑第一阶段的收益水平对其声誉的影响。因此,GP 会选择使其在两阶段的总的确定性等价收入最大的努力水平 e_1,即

$$\max_{e_1} EU_1 = \max_{e_1}[0.1(1 + \delta f_1)I_0 + 0.2c(e_1 + \delta e_2) + 0.2dE(\theta)(1 + \delta)$$
$$- 0.5b(e_1^2 + \delta e_2^2) - 0.1\rho(1 + \delta)(d^2\sigma_\theta^2 + \sigma_\varepsilon^2)]$$

如果要想使 LP 在第二阶段继续投资,GP 必须保证其在第一阶段经营所赢得的声誉指数 $f_1 > 1$。否则,LP 会选择其他投资形式或者在 GP 的市场选择其他的 GP,即 $f_1 = \dfrac{0.08\pi_1}{R_r I_0} > 1$。

所以,为了可以继续融资,GP 在第一阶段的努力水平必须满足一定的条件,即 $e_1 > \dfrac{R_r I_0}{0.08c} - \dfrac{dE(\theta)}{c}$。

在第二阶段(最后一阶段),GP 不再进行后续融资,也就不用再考虑声誉的影响。因此,GP 会选择使当期确定性等价收入最大的努力水平 e_2,即

$$\max_{e_2} EU_2 = \max_{e_2}[0.1f_1 I_0 + 0.2ce_2 + 0.2dE(\theta) - 0.5be_2^2 - 0.1\rho$$
$$(d^2\sigma_\theta^2 + \sigma_\varepsilon^2)]$$

假设 GP 在这两阶段的保留效用分别为 w_1 和 w_2,则必须满足下面的参与约束:

$$EU_1 = 0.1(1 + \delta f_1)I_0 + 0.2c(e_1 + \delta e_2) + 0.2dE(\theta)(1 + \delta)$$
$$- 0.5b(e_1^2 + \delta e_2^2) - 0.1\rho(1 + \delta)(d^2\sigma_\theta^2 + \sigma_\varepsilon^2) > w_1 + \delta w_2$$

$$EU_2 = 0.1f_1 I_0 + 0.2ce_2 + 0.2dE(\theta) - 0.5be_2^2 - 0.1\rho(d^2\sigma_\theta^2 + \sigma_\varepsilon^2) > w_2$$

所以,我们可以得到 GP 的第二阶段声誉模型为:

$$\max_{e_1} EU_1 = \max_{e_1}[0.1(1 + \delta f_1)I_0 + 0.2c(e_1 + \delta e_2) + 0.2dE(\theta)(1 + \delta)$$
$$- 0.5b(e_1^2 + \delta e_2^2) - 0.1\rho(1 + \delta)(d^2\sigma_\theta^2 + \sigma_\varepsilon^2)]$$

s.t.

$$(1)\ e_1 > \dfrac{R_r I_0}{0.08c} - \dfrac{dE(\theta)}{c}$$

(2) $EU_1 = 0.1(1 + \delta f_1)I_0 + 0.2c(e_1 + \delta e_2) + 0.2dE(\theta)(1 + \delta)$
$\quad\quad\quad - 0.5b(e_1^2 + \delta e_2^2) - 0.1\rho(1 + \delta)(d^2\sigma_\theta^2 + \sigma_\varepsilon^2) > w_1 + \delta w_2$

(3) $EU_2 = 0.1f_1 I_0 + 0.2ce_2 + 0.2dE(\theta) - 0.5be_2^2 - 0.1\rho(d^2\sigma_\theta^2 + \sigma_\varepsilon^2) > w_2$

在 $\max\limits_{e_2} EU_2 = \max\limits_{e_2}[0.1f_1 I_0 + 0.2ce_2 + 0.2dE(\theta) - 0.5be_2^2 - 0.1\rho$

$(d^2\sigma_\theta^2 + \sigma_\varepsilon^2)]$ 中对 e_2 求导数,得出: $e_2^* = 0.2c/b$

将 e_2^* 代入 $\max\limits_{e_1} EU_1 = \max\limits_{e_1}[0.1(1 + \delta f_1)I_0 + 0.2c(e_1 + \delta e_2) + 0.2dE$

$(\theta)(1 + \delta) - 0.5b(e^2 + \delta e_2^2) - 0.1\rho(1 + \delta)(d^2\sigma_\theta^2 + \sigma_\varepsilon^2)]$ 中,对 e_1 求导数,
得出:

$$e_1^* = \frac{0.008\delta c}{R_r b} + \frac{0.2c}{b}$$

比较式 e_1^* 和 e_2^* 可知: $e_1^* > e_2^*$。所以声誉影响的第一阶段的努力水平
要大于不考虑声誉影响的第二阶段的努力水平。

将 $e_1^* = \dfrac{0.008\delta c}{R_r b} + \dfrac{0.2c}{b}$ 代入 $e_1 > \dfrac{R_r I_0}{0.08c} - \dfrac{dE(\theta)}{c}$ 变形得到

$$E(\theta) > \frac{R_r I_0}{0.08d} - \frac{0.008\delta c^2}{R_r bd} - \frac{0.2c^2}{bd}$$

这表明,为了吸引 LP 的后续投资,GP 的期望能力 $E(\theta)$ 必须大于这一
临界值;否则,GP 的声誉指数 $f_1 < 1$,LP 就不会继续投资,第二阶段模型也
就不适用了。

以上模型只考虑了两个阶段,但上面的结论很容易一般化。一般来说,
如果 GP 共进行了 T 次融资,那么除了最后一次不需要考虑声誉的影响之
外,其他各期都需要考虑声誉的影响,而且 $T-1$ 期的努力水平只影响到了
第 T 期的声誉,而 $T-2$ 期的努力水平则影响到了 $T-1$ 期和 T 期的声誉。
这说明,受影响的时期越长,声誉对 GP 的激励作用就越大,GP 的努力程度
也就越高,即 $e_1^* > e_2^* > \cdots > e_{T-1}^* > e_T^*$。

GP 的声誉市场对 GP 尤其重要。一方面,良好的声誉对 GP 持续募集
资金、成立新基金起着决定性作用;另一方面,高效率的 GP 声誉市场有利
于企业家利用其来区分"好的"和"不好的"GP,优秀的企业家在进行 PE 融
资时,将会避开那些有机会主义记录、声誉不佳的 GP。

与资本市场一样,信息成本与信息传递机制是决定声誉市场效率的两
大要素。首先,特定的信息成本越低,信息的传播就越广泛,与之相关的市
场就越有效率。其次,如果想使基金管理人市场有效地运作,就必须存在向
投资者传递声誉信息的机制。投资者关于基金管理人的声誉信息主要来自

基金管理人(自我推销)、中介(律师、会计师等)和媒体(特别是那些集中关注 PE 基金的媒体)。

与资本市场不同,基金管理人声誉市场具有三大结构性缺陷。首先,这个市场缺乏一个类似于股票交易所那样的集中场所来交易对基金管理人声誉的不同评价。资本市场可以通过在集中场所的交易,把所有相关信息收敛到价格这一单一度量上。但是基金管理人的声誉市场就缺乏这样的特征,所以不同交易之间关于基金管理人声誉的度量会有很大的不同。而且,基金管理人也没有义务向公众提供关于其声誉的信息,这与上市公司的强制性信息披露不同。其次,拥有与基金管理人相关信息的人,包括曾经与其交易过的投资者以及企业家,并不一定有动力把这些信息传递给其他投资者以及企业家。最后,诸如律师、会计师和其他企业家可能会因为各种不同原因(包括自利原因)而推荐特定的基金管理人。其中最重要的原因在于,如果基金管理人和律师、会计师以及其他企业家之间有长期而持续的合作关系,如此考虑会比较符合他们的长期利益。

PE 基金的以下特征有助于提高市场的效率:基金管理人的数量相对较少;基金管理人具有地域集中性;基金管理人具有明确的投资半径;基金管理人在资金募集和对外投资上都是重复博弈者。事实上,少数可以验证的糟糕新闻就可能足以毁坏基金管理人的声誉,特别是在企业比较集中的地区。在美国,基金管理人投资企业通常集中在特定地区,如加州的硅谷、麻省的波士顿和得州的奥斯汀,这种地域的集中性也在一定程度上证明了声誉是影响 GP 的重要因素。中国的北京、上海、深圳等地区也具有这种基金管理人的地域集中性。

第五章　集中支付情况下基金管理人与 投资对象报酬协同机制研究

第一节　假设条件

对集中支付情况下基金管理人与投资对象之间的报酬协同机制进行研究,应先明确这一机制建立的前提条件,也即假设条件。

(1)在基金管理人对目标企业的投资分 N 个连续阶段进行,即投资过程中不存在中断的情况,同时认为各期产出的产量是相互独立的。

(2)投资对象和基金管理人是风险中性的,并且收益贴现因子都为 $\delta(\delta \leq 1)$。外界环境因素对目标企业的影响称为外生变量 u_t(t 代表第 t 期投资),各个投资阶段的外生变量相互独立。

(3)投资对象的努力程度 e_t、自身能力 θ。投资对象在委托—代理关系中付出的代理成本为 C_{ENt},C_{ENt} 与其努力程度 e_t、自身能力 θ 有关。自身能力 θ 越强,代理成本 C_{ENt} 就越低;努力程度 e_t 越高,代理成本 C_{ENt} 就越高。

设 k_1 为一常系数,则代理成本函数为: $C_{ENt} = \dfrac{k_1 e_t^2}{2\theta}$。

(4)第 t 期期初,基金管理人和投资对象构建支付合约,规定投资对象的固定收益为 α_t,可变收益比例为 β_t,R_{1t} 为投资对象该阶段经营成功时的收益,$\hat{R}_{1t}$ 为可变能收益,非经济收益为 B_t。同时,假设目标企业在第 t 阶段经营成功的概率为 p_t,经营失败的概率为 $1 - p_t$。经营成功时投资对象获得固定收益和可变收益,经营失败时投资对象只能获得固定收益。

(5)基金管理人在项目经营成功时收益为 R_{2t},可变收益为 $\hat{R}_{2t}$,非经济收益为 M_t。第 t 期项目成功时,基金管理人的收益 $R_{2t} = \pi_t - R_{1t}$(π_t 为第 t 轮 PE 投资的净产出)。如果项目失败,则 $R_{2t} = \alpha_t$。

(6)基金管理人对目标企业的监督和提供增值服务的成本为 C_{GPt},基金管理人的能力为 θ',对投资对象支付的股权比例为 β_t,基金管理人为目标企业提供的增值服务为 m_t。基金管理人的工作能力 θ' 越强,付出成本 C_{GPt} 越少;基金管理人对投资对象的支付股权比例 β_t 越大,需要进行监督的

成本 C_{GPt} 就越大；基金管理人对目标企业提供的增值服务越多，付出的成本 C_{GPt} 就越大。设 k_2 为一常系数，则可以得到基金管理人的监督成本为：

$$C_{GPt} = \frac{k_2 \beta_t m_t^2}{2\theta'} \text{。}$$

（7）第 t 轮 PE 投资的净产出函数为 π_t，它与投资对象的能力 θ、工作努力水平 e_t、基金管理人为目标企业提供的增值服务 m_t、外生变量 u_t 有关。设第 t 轮 PE 投资的净产出函数为线性函数：$\pi_t = \theta + e_t + m_t + u_t$。

（8）基金管理人和投资对象均为风险中性的。

（9）投资对象就是该目标企业的经营管理者 CEO，即职业经理人。

基于上 9 个假设，我们才可建立报酬集中支付情况下的投资对象最优努力水平与基金管理人愿意支付给投资对象的最优股权比例。

第二节　报酬集中支付情况下的投资对象最优努力水平的确定

基金管理人对目标企业采取集中支付，当经营成功时，投资对象所得支付或收益为：

$$R_{1t} = \begin{cases} \alpha_t, t = 1, 2, \dots, N - 1 \\ \alpha_N + \sum_{t=1}^{N} \beta_t \pi_t \end{cases}$$

然而，由于存在着经营失败的可能，第 t 期投资对象可获得的收益为 $\hat{R}_{1t}$，满足 $\hat{R}_{1t} = p_t R_{1t} + (1 - p_t)\alpha_t$。因此，投资对象的效用函数为：$U_{EN} = \sum_{t=1}^{N} \delta^{t-1}(\hat{R}_{1t} + B_t - C_{ENt})$，其中 δ 为折现因子。

投资对象的目标是通过选择其努力水平 e_t 来实现其效用水平的最大化，即

$$\max_{e_t} U_{EN} = \max_{e_t} \sum_{t=1}^{N} \delta^{t-1}(\hat{R}_{1t} + B_t - C_{ENt}) \tag{1}$$

将 $\hat{R}_{1t} = p_t R_{1t} + (1 - p_t)\alpha_t$，$C_{ENt} = \frac{k_1 e_t^2}{2\theta}$ 的表达式分别代入（1）式中，有：

$$\max_{e_t} U_{EN} = \max_{e_t} \sum_{t=1}^{N} \delta^{t-1} \left[p_t R_{1t} + (1 - p_t)\alpha_t + B_t - \frac{k_1 e_t^2}{2\theta} \right]$$

$$= \max_{e_t} \left\{ \sum_{t=1}^{N} \delta^{t-1} \left[(1 - p_t)\alpha_t + B_t - \frac{k_1 e_t^2}{2\theta} \right] + \sum_{t=}^{N} \delta^{t-1} p_t \alpha_t + \right.$$

$$\delta^{N-1} p_t \sum_{t=1}^{N} \beta_t \pi_t \}$$

$$= \max_{e_t} \sum_{t=1}^{N} \delta^{t-1} (\alpha_t + B_t - \frac{k_1 e_t^2}{2\theta}) + \delta^{N-1} p_t \sum_{t=1}^{N} \beta_t (\theta + e_t + m_t + u_t)$$

$$= \max_{e_t} \left\{ \sum_{t=1}^{N} \left[\delta^{t-1} (\alpha_t + B_t - \frac{k_1 e_t^2}{2\theta}) + \delta^{N-1} p_t \beta_t (\theta + e_t + m_t + u_t) \right] \right\}$$

$$U'_{EN} = \delta^{t-1} (\alpha_t + B_t - \frac{k_1 e_t^2}{2\theta}) + \delta^{N-1} p_t \beta_t (\theta + e_t + m_t + u_t)$$

要使 U_{EN} 关于努力水平 e_t 最大,只需 U'_{EN} 关于努力水平 e_t 最大即可。U'_{EN} 对 e_t 求一阶导数并令其等于 0 得:

$$e_t^* = \frac{p_t \beta_t \theta \delta^{N-t}}{k_1} \tag{2}$$

根据(2)式可知 $\frac{\partial e_t^*}{\partial p_t} > 0, \frac{\partial e_t^*}{\partial \beta_t} > 0, \frac{\partial e_t^*}{\partial \theta} > 0$,由此可以得出以下结论:

(1) p_t 是投资对象的正激励因素。p_t 越大说明目标企业经营成功的概率越高,也就是说,投资对象付出努力而获得成功的可能性越大,从而在集中激励模式下投资对象可以得到更多的收益。因此,投资对象会提高努力水平以获得更大的收益。

(2) β_t 也是投资对象的正激励因素。β_t 越大说明目标企业经营成功后投资对象获得的收益比例就越大,因此,投资对象为了获得更大的收益,会提高努力水平。

(3) θ 也是投资对象的正激励因素,它表明能力越高的投资对象就越愿意努力工作。因为高能力的投资对象愿意通过努力工作来展示自己的能力,以区别于低能力的投资对象,从而得到高于平均水平的报酬。此外,θ 为正激励因素也从一个侧面说明了基金管理人愿意选择高能力的投资对象的原因。

第三节 基金管理人与投资对象报酬集中支付的最佳股权模型与结论

一、最佳股权模型的建立

根据委托—代理理论在满足自身效用最大化的同时需要满足投资对象的利益最大化,并且还要保证投资对象能够参与委托—代理活动。也就是说,激励约束机制的设计必须在满足投资对象激励相容约束和个人理性约束条件的基础上,实现基金管理人效用最大化的目标。

基金管理人的效用函数为:

$$U_{GP} = \sum_{t=1}^{N} \delta^{t-1} [p_t(\pi_t - R_{1t}) + (1 - p_t)(-\alpha_t) + M_t - C_{GPt}]$$

因此,基金管理人追求自身效用最大化目标为:

$$\max_{\beta_t} U_{GP} = \max \sum_{t=1}^{N} \delta^{t-1} [p_t(\pi_t - R_{1t}) + (1 - p_t)(-\alpha_t) + M_t - C_{GPt}]$$

$$= \max \sum_{t=1}^{N} \delta^{t-1} \{ p_t\pi_t - [p_t R_{1t} + (1 - p_t)\alpha_t] + M_t - C_{GPt} \}$$

$$= \max \sum_{t=1}^{N} \delta^{t-1} (p_t\pi_t - \hat{R}_{1t} + M_t - C_{GPt}) \tag{3}$$

由于激励约束机制的设计还需要满足投资对象期望效用的最大化,而任何基金管理人希望投资对象采取的行动都只能通过投资对象的效用最大化来实现。根据(1)式,有激励相容约束 IC ,即

$$IC: \max_{e_t} U_{EN} = \max_{e_t} \sum_{t=1}^{N} \delta^{t-1} (\hat{R}_{1t} + B_t - C_{ENt}) \tag{4}$$

设投资对象保留收益为常数 $R > 0$,则投资对象参与合约所得到的收益不应小于其保留收益,否则投资对象就会选择不接受合约。因此,为了保证投资对象的参与,所设计的合约还需要满足个人参与约束 IR ,即

$$IR: \quad U_{EN} = \sum_{t=1}^{N} \delta^{t-1} (\hat{R}_{1t} + B_t - C_{ENt}) \geqslant R \tag{5}$$

结合(3)、(4)、(5)式,我们得到在集中支付模式下的激励模型为:

$$\max_{\beta_t} U_{GP} = \max \sum_{t=1}^{N} \delta^{t-1} [p_t\pi_t - \hat{R}_{1t} + M_t - C_{GPt}]$$

$$IC: \max_{e_t} U_{EN} = \max_{e_t} \sum_{t=1}^{N} \delta^{t-1} (\hat{R}_{1t} + B_t - C_{ENt})$$

$$IR: U_{EN} = \sum_{t=1}^{N} \delta^{t-1} (\hat{R}_{1t} + B_t - C_{ENt}) \geqslant R$$

根据委托—代理理论,个人理性约束是紧约束,因此,可将(5)式代入目标函数(3)式得

$$\max_{\beta_t} U_{GP} = \max [\sum_{t=1}^{N} \delta^{t-1} (p_t\pi_t + B_t + M_t - C_{ENt} - C_{GPt}) - R] \tag{6}$$

对于激励相容约束条件(4)式,我们已经求出 $e_t^* = \dfrac{p_t\beta_t\theta\delta^{N-t}}{k_1}$,将其代入

(6)式,对 β_t 求偏导,令其等于 0 可得:

$$p_t \frac{\partial \pi_t}{\partial e_t} \frac{\partial e_t}{\partial \beta_t} - \frac{\partial C_{ENt}}{\partial e_t} \frac{\partial e_t}{\partial \beta_t} - \frac{\partial C_{GPt}}{\partial \beta_t} = 0$$

$$\frac{p_t^2 \theta \delta^{N-t}}{k_1} - \frac{2k_1}{2\theta} \frac{p_t \beta_t \theta \delta^{N-t}}{k_1} \frac{p_t \theta \delta^{N-t}}{k_1} - \frac{k_2 m_t^2}{2\theta'} = 0$$

整理后得

$$\beta_t^* = \frac{1}{\delta^{N-t}} - \frac{k_1 k_2 m_t^2}{2 p_t^2 \theta \theta' \delta^{2(N-t)}} \tag{7}$$

β_t^* 即为在投资对象的最优努力水平 e_t^* 下,基金管理人对投资对象采取集中激励模式是愿意支付给投资对象的最优股权比例。此时,基金管理人个人的效用最大,并且还满足了投资对象的效用最大以及参与条件。

二、基金管理人与投资对象报酬支付模型结论分析

根据上节 β_t^* 的推导过程可以得到以下结论:

(1)根据(7)式对 θ 求偏导有 $\frac{\partial \beta_t^*}{\partial \theta} = \frac{k_1 k_2 m_t^2}{2 p_t^2 \theta^2 \theta' \delta^{2(N-t)}} > 0$,这说明在集中支付激励模式下,投资对象的能力越强,他所得到的风险收益比例就越高。因为基金管理人认为能力越强的投资对象为他带来的投资收益就越多,因此,愿意支付更多的报酬。

(2)根据(7)式对 m_t 求偏导有 $\frac{\partial \beta_t^*}{\partial m_t} = -\frac{k_1 k_2 m_t}{p_t^2 \theta \theta' \delta^{2(N-t)}} < 0$,这说明在集中支付激励模式下,基金管理人对目标企业所提供的增值服务越多,投资对象在收益比例中所获得的收益比例就越小。这是因为基金管理人认为自己所提供的增值服务越多,投资对象需要付出的努力就越少,因此就会减少对投资对象的支付。

第四节　集中支付情况下基金管理人与投资对象报酬协同机制案例研究

设一个 PE 投资项目,每期投资对象的固定收益都为 20 万元,即 $\alpha_1 = \alpha_2 = \alpha_3 = 20$ 万元,投资对象每期成功的概率 $p_1 = p_2 = p_3 = 0.8$。第一期收益 $\pi_1 = 100$ 万元,投资对象可获得的可变收益分成 $\beta_1 = 0.3$;第二期收益 $\pi_2 = 200$ 万元,投资对象可获得的可变收益分成 $\beta_2 = 0.4$;第三期收益 $\pi_3 = 300$

万元,投资对象可获得的可变收益分成 $\beta_3 = 0.5$。同时假定,基金管理人为投资对象各期提供的增值服务 $m_1 = 0.8, m_2 = 0.85, m_3 = 0.9$。投资对象自身的能力 $\theta = 0.8$,基金管理人自身的能力 $\theta' = 0.9$,常数 $k1 = k2 = 1$。折现因子 $\delta = 1$。

(1)计算投资对象每期所获得的收益。

(2)计算投资对象的努力程度。

(3)计算基金管理人愿意支付投资对象每期的最佳股权比例。

解:(1)表 5-1 中单元格 B9、C9、D9 的结果,它是根据公式 $R_{1t} = \begin{cases} \alpha_t, t = 1, 2, \ldots, N-1 \\ \alpha_N + \sum\limits_{t=1}^{N} \beta_t \pi_t \end{cases}$ 计算所得,投资对象每期所获得的收益如表 5-1 中 B15、C15、D15 所示,它是根据公式 $\hat{R}_{1t} = p_t R_{1t} + (1-p_t)\alpha_t$ 计算所得。

(2)投资对象每期的努力程度如表 5-1 中 B23、C23、D23 所示,它是根据公式 $e_t^* = \dfrac{p_t \beta_t \theta \delta^{N-t}}{k_1}$ 计算所得。

(3)基金管理人愿意支付投资对象每期的最佳的股权比例如表 5-1 中 B29、C29、D29 所示,它是根据公式 $\beta_t^* = \dfrac{1}{\delta^{N-t}} - \dfrac{k_1 k_2 m_t^2}{2 p_t^2 \theta \theta' \delta^{2(N-t)}}$ 计算所得。

各项已知数据与具体的计算结果如表 5-1 所示。

表 5-1　计算结果

	A	B	C	D
1		α_1	α_2	α_3
2		20	20	20
3		β_1	β_2	β_3
4		0.3	0.4	0.5
5		π_1	π_2	π_3
6		100	200	300
7				
8		R_{11}	R_{12}	R_{13}
9		20	20	280
10				
11		p_1	p_2	p_3

	A	B	C	D
12		0.8	0.8	0.8
13				
14		$\hat{R}_{11}$	$\hat{R}_{12}$	$\hat{R}_{13}$
15		20	20	228
16				
17		θ_1	θ_2	δ
18		0.8	0.9	1
19		k_1	k_2	
20		1	1	
21				
22		e_1	e_2	e_3
23		0.192	0.256	0.32
24				
25		m_1	m_2	m_3
26		0.8	0.85	0.9
27				
28		β_1^*	β_2^*	β_3^*
29		0.305555556	0.216037326	0.12109375

从表5-1中的第26行和第29行可见,在集中支付激励模式下,基金管理人对投资对象所提供的增值服务越多,则投资对象在收益比例中所获得的收益比例就越小。这是因为基金管理人认为自己所提供的增值服务越多,投资对象需要付出的努力就越少,因此,就会减少对投资对象的支付。这应该是完全符合实际情况要求的,数据正好印证了这一结论。

第六章 隐性支付情况下基金管理人与投资对象报酬协同机制研究

第一节 假 设 条 件

照前文集中支付情况下 GP 与 EN 报酬协同机制的研究路径,研究隐性支付情况下的报酬协同机制也需要先明确建立这一机制的假设条件,两者的假设条件基本一致。

(1)在基金管理人对目标企业的投资分 N 个连续阶段进行,即投资过程中不存在中断的情况,同时认为各期产出的产量是相互独立的。

(2)投资对象和基金管理人是风险中性的,并且收益贴现因子都为 $\delta(\delta \leqslant 1)$。外界环境因素对目标企业的影响称为外生变量 u_t(t 代表第 t 期投资),各个投资阶段的外生变量相互独立。

(3)投资对象的努力程度 e_t、自身能力 θ。投资对象在委托—代理关系中付出的代理成本为 C_{ENt},C_{ENt} 与其努力程度 e_t、自身能力 θ 有关,自身能力 θ 越强,代理成本 C_{ENt} 就越低;努力程度 e_t 越高,代理成本 C_{ENt} 就越高。

设 k_1 为一常系数,则代理成本函数为:$C_{ENt} = \dfrac{k_1 e_t^2}{2\theta}$。

(4)第 t 期期初,基金管理人和投资对象构建支付合约,规定投资对象的固定收益为 α_t,可变收益比例为 β_t,R_{1t} 为投资对象该阶段经营成功时的收益,$\hat{R}_{1t}$ 为可变能收益,非经济收益为 B_t。同时,假设目标企业在第 t 阶段经营成功的概率为 p_t,经营失败的概率为 $1 - p_t$。经营成功时投资对象获得固定收益和可变收益,经营失败时投资对象只能获得固定收益。

(5)基金管理人在项目经营成功时收益为 R_{2t},可变收益为 $\hat{R}_{2t}$,非经济收益为 M_t。第 t 期项目成功时,基金管理人的收益 $R_{2t} = \pi_t - R_{1t}$(π_t 为第 t 轮 PE 投资的净产出)。如果项目失败,则 $R_{2t} = \alpha_t$。

(6)基金管理人对目标企业的监督和提供增值服务的成本为 C_{GPt},基金管理人的能力为 θ',对投资对象支付的股权比例为 β_t,基金管理人为目标企业提供的增值服务为 m_t。基金管理人的工作能力 θ' 越强,付出成本

C_{GPt} 越少;基金管理人对投资对象的支付股权比例 β_t 越大,需要进行监督的成本 C_{GPt} 就越大;基金管理人对目标企业提供的增值服务越多,付出的成本 C_{GPt} 就越大。设 k_2 为一常系数,则可以得到基金管理人的监督成本为:

$$C_{GPt} = \frac{k_2 \beta_t m_t^2}{2\theta'}。$$

(7)第 t 轮 PE 投资的净产出函数为 π_t,它与投资对象的能力 θ、工作努力水平 e_t、基金管理人为目标企业提供的增值服务 m_t、外生变量 u_t 有关。设第 t 轮 PE 投资的净产出函数为线性函数:$\pi_t = \theta + e_t + m_t + u_t$。

(8)基金管理人和投资对象均为风险中性的。

(9)投资对象就是该目标企业的经营管理者 CEO,即职业经理人。

基于上 9 个假设,我们才可建立报酬隐性支付情况下的投资对象最优努力水平与基金管理人愿意支付给投资对象的最优股权比例。

第二节 报酬隐性支付情况与投资对象最优努力水平的确定

设第 t 期期初,基金管理人根据第 $t-1$ 期的收益 π_{t-1},规定投资对象本阶段的固定收益为 α_t,可变收益比例为 β_t。γ_t 为目标因子,是第 t 期实际收益与预期收益之比,规定第 1 期预期收益即为实际收益,即 $\gamma_1 = 1$。g_t 为第 t 期预期收益增长率,由于第 1 期预期收益即为实际收益,故 $g_1 = 0$。第 1 期投资对象的可变收益由第 1 期收益 π_1 决定,规定 $\pi_0 = \pi_1$。

由于隐性支付情况就是根据上一年的投资收益来确定下一年投资对象的收益,因而经营成功时,投资对象的收益为:

$$R_{1t} = \begin{cases} \alpha_1 + \pi_1 \beta_1 & t = 1 \\ \alpha_t + \gamma_t \beta_t \pi_{t-1}(1 + g_t) & t = 2, 3, \ldots, N \end{cases}$$

根据上面的假设,我们有 $\pi_1 \beta_1 = \gamma_1 \beta_1 \pi_0 (1 + g_1)$,因此,上述关于 R_{1t} 的分段函数表达式可以统一为:

$$R_{1t} = \alpha_t + \gamma_t \beta_t \pi_{t-1}(1 + g_t) \qquad t = 1, 2, \ldots, N \tag{1}$$

由于存在着经营失败的概率,因此第 t 期投资对象可获得的收益为 $\hat{R}_{1t} = p_t R_{1t} + (1 - p_t)\alpha_t$,投资对象的效用函数为:

$$U_{EN} = \sum_{t=1}^{N} \delta^{t-1}(\hat{R}_{1t} + B_t - C_{ENt})$$

投资对象的目标是通过选择努力水平 e_t 来实现其效用最大化,即

$$\max_{e_t} U_{EN} = \max \sum_{t=1}^{N} \delta^{t-1} (\hat{R}_{1t} + B_t - C_{ENt})$$

将 $\hat{R}_{1t}$ 和 C_{ENt} 的表达式分别代入上式中,有:

$$\max_{e_t} U_{EN} = \max \sum_{t=1}^{N} \delta^{t-1} \left[p_t R_t + (1 - p_t) \alpha_t + B_t - \frac{k_1 e_t^2}{2\theta} \right]$$

$$= \max \sum_{t=1}^{N} \delta^{t-1} \left[p_t (\alpha_t + \gamma_t \beta_t \pi_{t-1})(1 + g_t) + (1 - p_t) \alpha_t + B_t - \frac{k_1 e_t^2}{2\theta} \right]$$

$$= \max \sum_{t=1}^{N} \delta^{t-1} \left[\alpha_t + p_t \gamma_t \beta_t \pi_{t-1}(1 + g_t) + B_t - \frac{k_1 e_t^2}{2\theta} \right]$$

令 $U_{EN}' = \alpha_t + p_t \gamma_t \beta_t \pi_{t-1}(1 + g_t) + B_t - \dfrac{k_1 e_t^2}{2\theta}$

将 $\pi_{t-1} = \theta + e_{t-1} + m_{t-1} + u_{t-1}$ 代入上式,得:

$$U_{EN}' = \alpha_t + p_t \gamma_t \beta_t (\theta + e_{t-1} + m_{t-1} + u_{t-1})(1 + g_t) + B_t - \frac{k_1 e_t^2}{2\theta}$$

要求 U_{EN} 关于努力水平 e_t 的最大值,只需求 U_{EN}' 关于努力水平 e_t 的最大值即可。由于关于努力水平构成的是递推式,因而可令 $e_{t-1} = e_t = e^*$。由 U_{EN}' 对 e^* 一阶导数并令其等于 0,得:

$$e^* = \frac{\theta p_t \gamma_t \beta_t (1 + g_t)}{k_1} \tag{2}$$

根据(2)式有 $\dfrac{\partial e^*}{\partial p_t} > 0, \dfrac{\partial e^*}{\partial \beta_t} > 0, \dfrac{\partial e^*}{\partial \theta} > 0, \dfrac{\partial e^*}{\partial \gamma_t} > 0, \dfrac{\partial e^*}{\partial g_t} > 0$。由于前三式所得出的结论与讨论集中支付的激励模式时所得的结论是一致的,下面我们主要来讨论后面两个式子,可得出以下两个结论:

(1)γ_t 是投资对象的正激励因素。γ_t 越大表明实际收益比预期收益越多,投资对象得到的收益报酬就会越多。γ_t 的增大需要投资对象通过努力工作来实现,因此在隐性支付的激励模式下,投资对象会选择提高努力水平来增大 γ_t,以获得更多的收益。

(2)g_t 也是投资对象的正的激励因素。g_t 越大,表明投资收益的预期增长越快,投资对象可获得的收益就越大。同时,由于这种预期增长是根据以往的历史数据来确定的,这对投资对象起到一定的连续激励作用。在隐性激励模式下,当基金管理人对未来收益的增长预期更高时,投资对象就需要提高自己的努力水平来达到基金管理人的预期,以获得更多的报酬。

第三节　基金管理人与投资对象报酬隐性
支付的最佳股权模型与结论

一、最佳股权模型的建立

在隐性激励模式下,设投资对象的保留收益仍为常数 $R(R \geqslant 0)$,则合约设计问题即为下面的优化问题:

$$\max_{\beta_t} U_{GP} = \max \sum_{t=1}^{N} \delta^{t-1}(p_t \pi_t - \hat{R}_{1t} + M_t - C_{GPt})$$

$$IC : \max_{e_t} U_{EN} = \max \sum_{t=1}^{N} \delta^{t-1}(\hat{R}_{1t} + B_t - C_{ENt})$$

$$IR : U_{EN} = \sum_{t=1}^{N} \delta^{t-1}(\hat{R}_{1t} + B_t - C_{ENt}) \geqslant R$$

根据委托—代理理论,个人理性是紧约束,因此可以得到下式:

$$\max_{\beta_t} U_{GP} = \max \Big[\sum_{t=1}^{N} \delta^{t-1}(p_t \pi_t + B_t + M_t - C_{ENt} - C_{GPt}) - R \Big]$$

对于激励相容约束条件,我们由(2)式已经得出了投资对象最优的努力水平 $e^* = \dfrac{\theta p_t \gamma_t \beta_t (1 + g_t)}{k_1}$,将其代入上式基金管理人效用最大化目标函数,对 β_t 求偏导,并令其等于0,得:

$$p_t \frac{\partial \pi_t}{\partial e_t} \frac{\partial e_t}{\partial \beta_t} - \frac{\partial C_{ENt}}{\partial e_t} \frac{\partial e_t}{\partial \beta_t} - \frac{\partial C_{GPt}}{\partial \beta_t} = 0$$

$$\frac{p_t^2 \theta \gamma_t (1 + g_t)}{k_1} - \frac{2k_1}{2\theta} \frac{p_t \beta_t \theta \gamma_t (1 + g_t)}{k_1} \frac{p_t \theta \gamma_t (1 + g_t)}{k_1} - \frac{k_2 m_t^2}{2\theta'} = 0$$

整理后得:

$$\beta_t^* = \frac{1}{\gamma_t (1 + g_t)} - \frac{k_1 k_2 m_t^2}{2 p_t^2 \theta \theta' \gamma_t^2 (1 + g_t)^2} \tag{3}$$

二、结 论 分 析

根据(3)式,我们得到如下结论:

第一,根据(3)式对 θ 求偏导有 $\dfrac{\partial \beta_t^*}{\partial \theta} = \dfrac{k_1 k_2 m_t^2}{2 p_t^2 \theta^2 \theta' \gamma_t^2 (1 + g_t)^2} > 0$。这说明在隐性支付模式下,投资对象的能力越强,他所得到的风险收益的比例就

越高。

第二,根据(3)式对 m_t 求偏导有 $\dfrac{\partial \beta_t^*}{\partial m_t} = -\dfrac{k_1 k_2 m_t}{p_t^2 \theta^2 \theta' \gamma_t^2 (1 + g_t)^2} < 0$。这说明在隐性支付模式下,基金管理人对目标企业所提供的增值服务越多,投资对象在收益分成中所得到的收益比例就越小。

综上分析,在集中激励模式下,投资对象收益报酬中最主要的可变收益部分要在项目变现股份收益分红时才能兑现,这种激励模式并不能让投资对象时刻感受到激励的存在,因而,在某种程度上也降低了投资对象的努力程度。而隐性激励模式在集中激励模式的基础上有所改进,但它仍然存在不足。投资对象追求的是自身利益的最大化,为了保证自身的收益,在隐性支付模式下,有时投资对象不得不降低本阶段的投资收益水平,以此来避免下一阶段任务指标过高而完不成,以至于无法获得收益的情形。这就在一定程度上降低了投资对象潜在的努力水平,从而损害了基金管理人的利益。因此,要减小投资对象可能存在的道德风险,需要对上述两种激励模式加以改进。

第四节　隐性支付情况下基金管理人与投资对象报酬协同机制案例研究

设 PE 投资项目,每期投资对象的固定收益都为 20 万元,即 $\alpha_1 = \alpha_2 = \alpha_3 = 20$ 万元,投资对象每期成功的概率 $p_1 = p_2 = p_3 = 0.8$。第一期收益 $\pi_1 = 100$ 万元,投资对象可获得的可变收益分成 $\beta_1 = 0.3$;第二期收益 $\pi_2 = 200$ 万元,投资对象可获得的可变收益分成 $\beta_2 = 0.4$;第三期收益 $\pi_3 = 300$ 万元,投资对象可获得的可变收益分成 $\beta_3 = 0.5$。γ_t 是第 t 期实际收益与预期收益之比,规定第 1 期预期收益为实际收益,即 $\gamma_1 = 1$,设 $\gamma_2 = 0.9$,$\gamma_3 = 0.8$。g_t 为第 t 期预期收益增长率,由于第 1 期预期收益即为实际收益,故 $g_1 = 0$,设 $g_2 = 0.1$,$g_3 = 0.15$。同时假定,基金管理人为投资对象各期提供的增值服务 $m_1 = 0.8$,$m_2 = 0.85$,$m_3 = 0.9$。投资对象自身的能力 $\theta = 0.8$,基金管理人 GP 自身的能力 $\theta' = 0.9$,常数 $k_1 = k_2 = 1$。

(1)计算投资对象每期所获得的收益。

(2)计算投资对象最佳的努力程度。

(3)计算基金管理人愿意支付投资对象每期的最佳股权比例。

解:(1)投资对象的收益是表 6-1 中单元格 B14、C14、D14 的计算结果,它是根据公式 $R_{1t} = \alpha_t + \gamma_t \beta_t \pi_{t-1} (1 + g_t)$ $(t = 1, 2, \ldots, N)$ 计算所得。投

资对象每期所获得的收益如表 6-1 中单元格 B20、C20、D20 所示,它是根据
公式 $\hat{R}_{1t} = p_t R_{1t} + (1 - p_t)\alpha_t$ 计算所得。

(2)投资对象每期的努力程度如表 6-1 中 B28、C28、D28 所示,它是根
据公式 $e^* = \dfrac{\theta p_t \gamma_t \beta_t (1 + g_t)}{k_1}$ 计算的。

(3)基金管理人愿意支付投资对象每期的最佳的股权比例如表 6-1 中
B34、C34、D34 所示,它是根据公式 $\beta_t^* = \dfrac{1}{\gamma_t(1 + g_t)} - \dfrac{k_1 k_2 m_t^2}{2 p_t^2 \theta \theta' \gamma_t^2 (1 + g_t)^2}$ 计
算的。

各项已知数据与具体的计算结果见表 6-1。

表 6-1　计算结果

	A	B	C	D
1				
2		α_1	α_2	α_3
3		20	20	20
4		γ_1	γ_2	γ_3
5		1	0.9	0.8
6		β_1	β_2	β_3
7		0.3	0.4	0.5
8		π_1	π_2	π_3
9		100	200	300
10		g_1	g_2	g_3
11		0	0.1	0.15
12				
13		R_{11}	R_{12}	R_{13}
14		50	99.2	158
15				
16		p_1	p_2	p_3
17		0.8	0.8	0.8
18				
19		$\hat{R}_{11}$	$\hat{R}_{12}$	$\hat{R}_{13}$
20		44	83.36	130.4

续表

	A	B	C	D
21				
22		θ_1	θ_2	
23		0.8	0.9	
24		k_1	k_2	
25		1	1	
26				
27		e_1	e_2	e_3
28		0.192	0.25344	0.2944
29				
30		m_1	m_2	m_3
31		0.8	0.85	0.9
32				
33		β_1^*	β_2^*	β_3^*
34		0.3055556	0.2102207	0.0485512

　　如表6-1中的第31行和第34行所示,在隐性支付激励模式下,基金管理人对投资对象所提供的增值服务越多,则投资对象在收益比例中所获得的收益比例就越小。这是因为基金管理人认为自己所提供的增值服务越多,投资对象需要付出的努力就越少,因此就会减少对投资对象的支付。这应该是完全符合实际情况要求的,数据也正好说明了这点。

第七章　连续支付情况下基金管理人与投资对象报酬协同机制研究

第一节　假 设 条 件

连续支付情况下基金管理人与投资对象报酬协同机制研究假设与集中支付、隐性支付情况下的一致。

(1)在基金管理人对目标企业的投资分 N 个连续阶段进行,即投资过程中不存在中断的情况,同时认为各期产出的产量是相互独立的。

(2)投资对象和基金管理人是风险中性的,并且收益贴现因子都为 $\delta(\delta \leqslant 1)$。外界环境因素对目标企业的影响称为外生变量 u_t(t 代表第 t 期投资),各个投资阶段的外生变量相互独立。

(3)投资对象的努力程度 e_t、自身能力 θ。投资对象在委托—代理关系中付出的代理成本为 C_{ENt},C_{ENt} 与其努力程度 e_t、自身能力 θ 有关,自身能力 θ 越强,代理成本 C_{ENt} 就越低;努力程度 e_t 越高,代理成本 C_{ENt} 就越高。设 k_1 为一常系数,则代理成本函数为:$C_{ENt} = \dfrac{k_1 e_t^2}{2\theta}$。

(4)第 t 期期初,基金管理人和投资对象构建支付合约,规定投资对象的固定收益为 α_t,可变收益比例为 β_t,R_{1t} 为投资对象该阶段经营成功时的收益,$\hat{R}_{1t}$ 为可变能收益,非经济收益为 B_t。同时,假设目标企业在第 t 阶段经营成功的概率为 p_t,经营失败的概率为 $1 - p_t$。经营成功时投资对象获得固定收益和可变收益,经营失败时投资对象只能获得固定收益。

(5)基金管理人在项目经营成功时收益为 R_{2t},可变收益为 $\hat{R}_{2t}$,非经济收益为 M_t。第 t 期项目成功时,基金管理人的收益 $R_{2t} = \pi_t - R_{1t}$(π_t 为第 t 轮 PE 投资的净产出)。如果项目失败,则 $R_{2t} = \alpha_t$。

(6)基金管理人对目标企业的监督和提供增值服务的成本为 C_{GPt},基金管理人的能力为 θ',对投资对象支付的股权比例为 β_t,基金管理人为目标企业提供的增值服务为 m_t。基金管理人的工作能力 θ' 越强,付出成本 C_{GPt} 越少;基金管理人对投资对象的支付股权比例 β_t 越大,需要进行监督的

成本 C_{GPt} 就越大;基金管理人对目标企业提供的增值服务越多,付出的成本 C_{GPt} 就越大。设 k_2 为一常系数,则可以得到基金管理人的监督成本为:

$$C_{GPt} = \frac{k_2 \beta_t m_t^2}{2\theta'} \text{。}$$

(7)第 t 轮 PE 投资的净产出函数为 π_t,它与投资对象的能力 θ、工作努力水平 e_t、基金管理人为目标企业提供的增值服务 m_t、外生变量 u_t 有关。设第 t 轮 PE 投资的净产出函数为线性函数: $\pi_t = \theta + e_t + m_t + u_t$。

(8)基金管理人和投资对象均为风险中性的。

(9)投资对象就是该目标企业的经营管理者 CEO,即职业经理人。

第二节　连续支付激励公式与投资对象最优努力水平的建立

为了更加有效地对投资对象进行激励,防止道德风险问题的发生,我们在集中支付情况(第五章)和隐性支付情况(第六章)的基础上构建一种新的连续支付情况下的合约,其优点是:

(1)它克服了集中支付情况的缺陷,将集中激励改为连续激励,从而提高了不断激励投资对象的效率。

(2)它弥补了隐性支付情况的不足,将隐性激励改为显性激励,即根据上一阶段投资收益决定下一阶段投资对象可变收益的情况,改进为由本阶段投资实际收益决定本阶段投资对象可变收益的情况,从而解决了投资对象激励不充分问题。

因此,在这种新的连续支付情况下,投资对象所得到的支付或收益情况如下:

当企业经营成功时,即 p_t,投资对象的收益为 R_{1t},公式为: $R_{1t} = \alpha_t + \beta_t \pi_t$。

由于企业存在着经营失败的风险,因此投资对象可能收益 $\hat{R}_{1t}$ 为:

$$\hat{R}_{1t} = p_t [\alpha_t + \beta_t \pi_t] + (1 - p_t)\alpha_t = \alpha_t + p_t \beta_t \pi_t \tag{1}$$

这样,投资对象的效用函数为:

$$U_{EN} = \sum_{t=1}^{N} \delta^{t-1}(\hat{R}_{1t} + B_t - C_{ENt})$$

将(1)式中的 $\hat{R}_{1t}$ 的表达式代入上式得:

$$\max_{e_t} U_{EN} = \max \sum_{t=1}^{N} \delta^{t-1}(\alpha_t + p_t \beta_t \pi_t + B_t - C_{ENt})$$

令 $U_{EN}^{'} = \alpha_t + p_t\beta_t\pi_t + B_t - C_{ENt}$

将 $\pi_t = \theta + e_t + m_t + u_t$, $C_{ENt} = \dfrac{k_1 e_t^2}{2\theta}$ 代入上式,得:

$$U_{EN}^{'} = \alpha_t + p_t\beta_t(\theta + e_t + m_t + u_t) + B_t - \dfrac{k_1 e_t^2}{2\theta}$$

要使 U_{EN} 最大化,只需 $U_{EN}^{'}$ 最大化即可,由 $U_{EN}^{'}$ 对 e_t 求导数令其等于0,得:

$$e_t^* = \dfrac{p_t\beta_t\theta}{k_1} \tag{2}$$

根据(2)式我们有: $\dfrac{\partial e_t^*}{\partial p_t} > 0, \dfrac{\partial e_t^*}{\partial \beta_t} > 0, \dfrac{\partial e_t^*}{\partial \theta} > 0$,这说明在这种连续显性的激励情况下,PE 投资项目经营成功的概率、基金管理人对投资对象支付的股权比例以及投资对象自身的能力仍然是激励投资对象努力工作、减少道德风险行为发生的正激励因素。

比较三种支付(集中支付、隐性支付、连续支付)的最优努力水平,可以得到以下结论:

(1)由于 $\delta \leqslant 1$,因此 $\dfrac{p_t\beta_t\theta\delta^{N-t}}{k_1} \leqslant \dfrac{p_t\beta_t\theta}{k_1}$,即改进后的连续显性激励情况下投资对象的最优努力不低于集中激励情况下投资对象的最优努力水平。

(2)隐性激励情况下投资对象最优的努力水平为 $e^* = \dfrac{\theta p_t\gamma_t\beta_t(1 + g_t)}{k_1}$ (参见第六章),它与连续显性激励情况下的最优努力水平 $e_t^* = \dfrac{p_t\beta_t\theta}{k_1}$ 的大小比较结果,取决于 $\gamma_t(1 + g_t)$ 与1的比较。当 $\gamma_t(1 + g_t) \leqslant 1$ 时,隐性激励情况下投资对象最优的努力水平较大,但在这种情况下却不能保证投资对象持续努力工作。这是因为:当上一阶段的 γ_t 、 g_t 较大时,本阶段的预期就会在上一阶段的基础上定得更高,从而投资对象所承担的风险也就越大。为了避免出现完不成预期收益而无法获得风险报酬的情形,投资对象就会选择低于自己的努力水平。因此隐性激励情况的最优努力水平是不稳定的,对投资对象的激励也不充分。

以上的分析说明了连续显性的激励情况是最优的,它不仅解决了集中激励情况下激励不连续的问题,同时还解决了隐性激励情况下对投资对象激励不充分的问题,从而有效地减少道德风险的发生。

第三节 连续支付激励情况下的最优
激励股权模型与结论

在改进后的连续显性支付情况下,设投资对象的保留收益仍为 R,则基金管理人和投资对象之间的最优合约设计问题为:

$$\max_{\beta_t} U_{GP} = \max \sum_{t=1}^{N} \delta^{t-1}(p_t \pi_t - \hat{R}_{1t} + M_t - C_{GPt})$$

s.t.

$$IC : \max_{e_i} U_{EN} = \max \sum_{t=1}^{N} \delta^{t-1}(\hat{R}_{1t} + B_t - C_{ENt})$$

$$IR : U_{EN} = \sum_{t=1}^{N} \delta^{t-1}(\hat{R}_{1t} + B_t - C_{ENt}) \geqslant R$$

根据委托—代理理论,个人理性约束是紧约束,因此,将其代入基金管理人的目标函数可得:

$$\max_{\beta_t} U_{GP} = \max \left[\sum_{t=1}^{N} \delta^{t-1}(p_t \pi_t + B_t + M_t - C_{ENt} - C_{GPt}) - R \right]$$

关于激励相容约束条件,由于式(2)已得出投资对象的最优努力水平 $e_t^* = \dfrac{p_t \beta_t \theta}{k_1}$,将其代入上式,并对 β_t 求偏导,令其等于 0,得:

$$p_t \frac{\partial \pi_t}{\partial e_t} \frac{\partial e_t}{\partial \beta_t} - \frac{\partial C_{ENt}}{\partial e_t} \frac{\partial e_t}{\partial \beta_t} - \frac{\partial C_{GPt}}{\partial \beta_t} = 0$$

$$\frac{p_t^2 \theta}{k_1} - \frac{2k_1}{2\theta} \frac{p_t \beta_t \theta}{k_1} \frac{p_t \theta}{k_1} - \frac{k_2 m_t^2}{2\theta'} = 0$$

整理后得:

$$\beta_t^* = 1 - \frac{k_1 k_2 m_t^2}{2 p_t^2 \theta \theta'} \tag{3}$$

β_t^* 即为在投资对象的最优努力水平下,基金管理人对投资对象最优的股权支付比例。通过对 β_t^* 进行分析,$\dfrac{\partial \beta_t^*}{\partial \theta} = \dfrac{k_1 k_2 m_t^2}{2 p_t^2 \theta^2 \theta'} > 0$,这说明在最优激励条件下,投资对象的能力越强,他所得到的风险收益的比例就越高。同时我们还可以得到 $\dfrac{\partial \beta_t^*}{\partial m_t} = -\dfrac{k_1 k_2 m_t}{p_t^2 \theta \theta'} < 0$,这说明基金管理人对投资对象所提供的增值服务越多,投资对象所获得的收益比例就越小。

对三种支付情况下的三种模型进行比较分析,我们可以得到如下结论:

(1)连续显性激励情况下的最优努力水平高于集中激励情况下的最优努力水平,它才能使投资对象时刻感受到激励的存在,从而提高工作努力水平。

(2)连续显性激励情况下的最优努力水平比隐性激励情况下的最优努力水平稳定,它能更充分地激励投资对象,防止道德风险的发生。

(3)激励约束机制的设计以基金管理人的效用最大化为基础,同时满足投资对象的效用最大化和参与条件。这样就使得投资对象的行为与基金管理人的利益相一致,从而可以有效地解决道德风险问题。

第四节　连续支付情况下基金管理人与投资对象报酬协同机制案例研究

设有一 PE 投资项目,每期投资对象的固定收益都为 20 万元,即 $\alpha_1 = \alpha_2 = \alpha_3 = 20$ 万元,投资对象每期成功的概率 $p_1 = p_2 = p_3 = 0.8$。第一期收益 $\pi_1 = 100$ 万元,投资对象可获得的可变收益分成 $\beta_1 = 0.3$;第二期收益 $\pi_2 = 200$ 万元,投资对象可获得的可变收益分成 $\beta_2 = 0.4$;第三期收益 $\pi_3 = 300$ 万元,投资对象可获得的可变收益分成 $\beta_3 = 0.5$。同时假定,基金管理人为投资对象各期提供的增值服务 $m_1 = 0.8, m_2 = 0.9, m_3 = 1$。投资对象自身的能力 $\theta = 0.8$,基金管理人自身的能力 $\theta' = 0.9$,常数 $k_1 = k_2 = 1$。

(1)计算投资对象每期所获得的收益。

(2)比较投资对象所获得的可变收益分成对投资对象努力程度的影响。

(3)投资对象可变收益分成比例是如何随企业经营成功概率和创业基金管理人的增值服务变化的?

解:根据前面介绍的(1)、(2)、(3)式,我们有:

$$\hat{R}_{1t} = \alpha_t + p_t \beta_t \pi_t \; ; \; e_t^* = \frac{p_t \beta_t \theta}{k_1} \; ; \; \beta_t^* = 1 - \frac{k_1 k_2 m_t^2}{2 p_t^2 \theta \theta'}$$

将有关的已知数据置于表 7-1 中,s_1、s_2、s_3;e_1、e_2、e_3 的计算公式如表 7-1 所示。

表 7-1　已知数据与连续支付情况的最优努力程度和最佳股权比例计算公式

	A	B	C	D
1				
2		α_1	α_2	α_3
3		20	20	20
4		β_1	β_2	β_3
5		0.3	0.4	0.5
6		π_1	π_2	π_3
7		100	200	300
8		p_1	p_2	p_3
9		0.8	0.8	0.8
10				
11		$\hat{R}_{11}$	$\hat{R}_{12}$	$\hat{R}_{13}$
12		= B3+B9 * B5 * B7	= C3+C9 * C5 * C7	= D3+D9 * D5 * D7
13				
14		θ_1	θ_2	
15		0.8	0.9	
16		k_1	k_2	
17		1	1	
18				
19		e_1	e_2	e_3
20		= B9 * B5 * \$B\$15/ \$B\$17	= C9 * C5 * \$B\$15/ \$B\$17	= D9 * D5 * \$B\$15/ \$B\$17
21				
22		m_1	m_2	m_3
23		0.8	0.85	0.9
24				
25		β_1^*	β_2^*	β_3^*
26		= 1- \$B\$17 * \$C\$17 * B23^2 /(2 * B9^2 * \$B\$15 * \$C\$15)	= 1- \$B\$17 * \$C\$17 * C23^2 /(2 * C9^2 * \$B\$15 * \$C\$15)	= 1- \$B\$17 * \$C\$17 * D23^2 /(2 * D9^2 * \$B\$15 * \$C\$15)

EN 收益投资对象的努力程度及其可变收益比例的计算结果如表 7-2 所示。

表 7-2　连续支付情况的最优努力程度与最佳股权比例计算结果

	A	B	C	D
...				
11		$\hat{R}_{11}$	$\hat{R}_{12}$	$\hat{R}_{13}$
12		44	84	140
...				
19		e_1	e_2	e_3
20		0.192	0.256	0.32
...				
25		β_1^*	β_2^*	β_3^*
26		0.3055556	0.2160373	0.1210938

分析表 7-2 中数据后可知：

（1）当投资对象（目标企业）每期的收益 π_1、π_2、π_3 增多时，投资对象 EN 的收益 $\hat{R}_{11}$、$\hat{R}_{12}$、$\hat{R}_{13}$ 也会大幅增加。

（2）当 PE 投资项目成功的概率为 0.8，投资对象的可变收益 0.3 的情况下，此 PE 投资项目中的投资对象的努力程度为 0.3055556，此投资对象几乎没付出太大的努力；当投资对的可变收益分成 β_t 增大时，投资对象所付出的努力程度也在增加。

（3）当企业经营成功概率为 0.8，基金管理人提供给投资对象更多的增值服务时，创基金管理人对投资对象的股权支付比例将降低，这应该是完全符合实际情况要求的。

第五节　基金管理人对投资对象的约束机制

投资对象的不确定性加剧了其代理问题，PE 基金管理人为维护其自身的利益，需要对投资对象管理人的道德风险进行约束。PE 基金管理人常用的约束机制包括融资工具、分期投资、对投资对象监控和特殊合约条款等。

一、融　资　工　具

由于 PE 基金管理人与投资对象之间的目标函数不一致，使得它们在选择的时候存在利益冲突,因此,PE基金管理人往往通过融资工具的设计和复杂的合约来约束投资对象的行为。

（一）可转换证券

从前文可知,投资对象管理人不可能靠固定工资取得高收益,投资对象管理人只有努力工作以达到事前设定的业绩标准或实现投资对象成功上市,才有可能在投资对象权益增值中获得丰厚的回报。这也就意味着降低了投资对象管理人在投资对象成功前与PE基金管理人讨价还价的能力,削弱了投资对象管理人短期行为的动机,把投资对象管理人的目标与PE基金管理人的目标统一起来,达到了PE基金管理人对投资对象进行约束的目的,有效地降低了代理风险。

可转换证券包括可转换优先股和可转换债券。可转换优先股是指股票持有人可以在规定的条件下把优先股股票换成该发行公司的普通股股票的选择权证券,它有两个优点:一是优先清偿权,二是可获得优先股红利。

可转换债券是指持有人可以按约定条款（如转换期限、转换价格等）将所持债券转换成确定数量的发行公司的普通股股票的选择权证券,这是一种兼具股权性和债权性的组合金融工具,是一个普通债券与一个看涨期权的组合。PE基金管理人在其中仅承担有限责任,在发债公司（投资对象）股价上涨时,PE基金管理人有权利而非义务将其持有的债券转换成普通股,获得参与投资对象的经营管理机会并分享股价上涨所带来的增值收益。若投资对象经营不善,不实行转换,PE基金管理人可获取固定的利息收入,投资对象清算时有优先剩余求偿权,从而减少损失。投资对象中可转换债券的附加条款还包括回售（卖出）期权,这是发行人对投资者的一种承诺。若未来投资对象经营前景不乐观,投资对象不能上市,或即使投资对象上市但公司股票价格在转换期前的一段时期内连续低于转股价格,此时PE基金管理人有权按事先约定的价格将可转换债券回售给发行人,发行人应无条件接受。此条款的设计是为了保护PE基金管理人的利益,同时也是对投资对象管理人的约束。

可转换证券对投资对象的约束机制。投资对象一般都是新生企业,没有业绩记录,投资对象将来能否成功在很大程度上取决于投资对象管理人的人力资本投入情况,投资对象能否获得融资的关键也在于投资对象管理人表现出来的能力。事实上,PE基金管理人和投资对象管理人双方信息不对称,投资对象管理人对目标企业有很大的信息优势,而PE基金管理人在签约初始时对投资对象管理人的能力却一无所知,确定投资对象管理人的能力需要一定的观察时间。此外,尽管签约后PE基金管理人在提供管理咨询方面发挥着积极作用,但除非企业面临重大经营失误,否则 PE 基金管理人也不可能监督投资对象管理人的日常经营活动。在这种情况下,需要设计一种约束机制来限制投资对象管理人的冒险行为,可转换证券恰恰起到这样的约束作用。

PE 基金管理人在投资对象进行投资前,会与投资对象签订可转换证券协议,假设协议规定 PE 基金管理人有权在 N 年后将可转换证券转换为 s 股普通股;如果 PE 基金管理人不转化,则可转换证券的价值为 D。综合两种情形可转换证券为 (D,s),其中 D 大于 PE 基金管理人投入资本 I,投资对象成功的概率为 p_i,成功后的企业价值为 R_A。PE 基金管理人进行转换时,投资对象管理人的收益为 $p_i(1-s)R_A$,PE 基金管理人的收益为 $p_i s R_A - I$。当 PE 基金管理人不转换时,投资对象管理人的收益为 $p_i(R_A - D)$,PE 基金管理人的收益为 $p_i D - I$。PE 基金管理人只有在 $p_i s R_A - I \geqslant p_i D - I$ 时才会进行转换,而投资对象此时的收益也应该满足 $p_i(1-s)R_A \geqslant p_i(R_A - D)$。同时满足这两个条件,则 $p_i s R_A = p_i D$,即 $R_A = D/s$,也即 PE 基金管理人可以通过设置 (D,s) 转换比例来对投资对象管理人的行为进行约束。

可转换证券合约中可转换条款的常见规定通常有:价格和转换比例、自动转换的条件、附带的限制性条款、强制赎回权等。

(二) 股权期权

股票期权是指投资对象发行认股权证,表明权证的持有者有权按照约定的价格在一定时期内购买一定数量的公司股票。股票期权可能带来一定的收益,即在执行认股权证时的股价和预定价格之间的差异;同时也有一定的风险,即在获得认股权证时支付了某些费用,但最终却弃权或没有获得相应的收益。股票期权与公司的普通股不同,投资者持有普通股表明投资者已经对公司进行了投资,投资者必须以投入公司的本金承担公司业绩变动的风险,并拥有参与分红的权力。而持有认股权证的人因没有执行认股权证,因而只在有限范围内承担风险,但不能参与分红。

股票期权是投资对象以股权形式把投资对象管理人和 PE 基金管理人紧密联系产生作用的有效约束机制。股票期权使投资对象管理人把期望建立在通过自身的努力使企业取得成功,以提高效益和股票价格的上涨。股票期权把投资对象管理人个人利益与企业前途、把短期利益与长远利益结合起来。很多情况下,如果不采用股票期权制度就很难调动投资对象管理人的积极性,也难以对投资对象管理人进行约束。

下面介绍股权期权对投资对象的约束机制。

目标企业具有高收益、高风险的特征,投资对象管理人是决定投资对象是否成功的重要因素,因此对投资对象进行约束显得尤为重要。

在对投资对象进行投资时,PE 基金管理人会与投资对象达成协议,规定投资对象管理人有在 N 年后以 P_t 购买 Q 股股票的权利。假设 N 年后投资对象的股价为 P_{tn},如果 $P_t > P_{tn}$,则投资对象管理人放弃行权;如果 $P_t < P_{tn}$,投资对象管理人选择行权。投资对象管理人行权时,其收益为:$R_{pe} = Q(P_{tn} - P_t)$。

所以,投资对象管理人能否获得收益,取决于受其努力程度 e^* 影响的 P_{tn},也就是投资对象管理人获得股份期权成为约束投资对象管理人投入努力程度 e 的一个约束条件。

二、分 期 投 资

（一）分期投资的特征

PE 基金管理人对投资对象的资本注入采取分阶段投资的形式,即 PE 基金管理人一般并不会将全额资本一次性地投向投资对象,而是在投资对象发展的若干阶段分批投入资本,并保留在任何一个阶段放弃投资和进行清算的权利。

在每次投资之前,PE 基金管理人都要对投资对象进行各种评估,并提供建议。分段投资的时间间隔越短,PE 基金管理人对投资对象的评估次数越多,所获得的信息和管理咨询也越多,就能更好地作出投资决策,以推动投资对象的发展。

（二）分阶段投资对投资对象的约束机制

PE 基金管理人对投资对象进行分阶段投资对投资对象管理人具有约束作用。分阶段投资使增量资本对投资对象管理人股份的稀释作用降低,使得成功投资对象的管理人收入份额增加,这样可以激励投资对象管理人。同时,当投资对象发展不顺利时,PE 基金管理人有权彻底关闭投资对象,这也激励着投资对象管理人努力经营,确保投资者能够继续投资。通过拒绝提供资本,PE 基金管理人还向其他资本提供者发出该投资对象存在问题的信号,这样会给投资对象从其他 PE 基金管理人那里融资带来困难。可见分阶段投资是 PE 基金管理人根据投资对象经营过程中不断发生的变化,对投资对象进行约束的有力工具。

在首轮投资前,投资对象的资本市场价值 V_1 一般会达预期账面价值 B_1,否则投资对象就没有投资价值,PE 基金管理人一般也不会介入这个项目。在首轮投资时,PE 基金管理人对投资对象投入 I_1,则 PE 基金管理人第一轮投资占投资对象的股权比例为 $W_1 = I_1/(V_1 + I_1)$,PE 基金管理人为

追求其收益最大化,会追求一个最大的首轮投资收益 y_1:

$$y_1 = W_1 V_t^1 - I_1 (1 + r)^t$$

上式中: V_t^1 指投资对象在 t 时期的价值, V_t^1 满足 $V_t^1 \geq (I_1 + V_1)(1 + r)^t$ 的约束条件,即投资对象在 PE 基金管理人投入资本后,必须取得大于其资本成本的增值。

PE 基金管理人只有在首轮投资的收益要求 y_1 得到满足后,才会考虑是否进行第二轮投资;如果 PE 基金管理人的利益得不到满足,则其不会考虑继续投资,而是维持现状。这样就达到了对投资对象进行约束的目的。投资对象管理人必须加大努力程度来提高投资对象的价值 V_t^1 ,才有可能获得下一轮的投资。

在第 n 轮的投资中,PE 基金管理人同样要求该轮投资的最大收益 y_n ,并根据投资对象的价值 V_t^n 来决定是否继续投资,以达到约束投资对象的目的。

（三）PE 基金管理人分阶段投资的操作方式

1.增资权

PE 基金管理人按照合同约定投资后,如果投资对象经营良好,发展前景非常乐观,投资对象可能上市,此时股票有升值潜力,投资对象管理人为扩大生产规模,会希望继续引入资金,PE 基金管理人有权以预先确定的价格向投资对象追加投资。这样 PE 基金管理人便可以以低于市场价的价格增加其在投资对象内的股份,在成功项目中的股份越多,其退出时获得的收益就会越多。

2.股权比例重新分配权

分阶段注入资金的投资方式可以使 PE 基金管理人取得股权比例的重新分配权。在每次投资前,PE 基金管理人都要根据当时所掌握的信息对项目重新评估。若项目的价值比初期评估的价值高,则 PE 基金管理人可以按初期确定的股权分配比例继续投资;若项目的价值没有初期的评估价值高,则 PE 基金管理人可以行使股权比例重新分配权,在不改变投资数额的情况下,提高股权分配比例,从而使收益得到保障。这时,投资对象管理人的股权被稀释,从而对其造成无形的压力,迫使他们努力工作,使项目在每一阶段中有更大的增值。

3.清算价值放弃权

当市场状况发生较大变化以致项目的收入长期无法弥补变动成本时,PE 基金管理人有权变卖与项目有关的固定资产,关闭项目,该放弃权可以在从投资开始到项目结束之间的任意时间内执行。当 PE 基金管理人与投资对象管理人对项目前景的预测发生较大分歧时,PE基金管理人也可以行使该项权利,从而将损失降至最低限度。

三、对投资对象监控

PE基金管理人对投资对象董事会和经理层的监控。投资对象的董事会对投资对象管理承担着最终的责任,其基本作用包括作出重大决策,评估和监控投资对象管理人的活动,制定投资对象管理人的薪酬,并在必要时更换投资对象管理人,引入新的管理者。

一般来说,PE基金主要是通过签订并实施董事会席位安排、表决权分配、控制追加投资等方式,来迫使投资对象进行自我约束和监控。

（一）董事会席位安排

PE基金管理人虽然不参加投资对象的具体经营,但是为了较好地了解投资对象,参与其重大决策并且更为有效地为投资对象提供管理服务,通常会寻求在投资对象的董事会中占有一个或者更多的席位。尽管对投资对象的绝对控制权并不是PE基金管理人投资的最终目的,但是在这里的意义是起到有效控制投资对象管理人委托代理风险的手段职能。随着投资对象管理人委托代理风险的降低,PE基金管理人最终仍然会降低对投资对象的控制。

（二）表决权分配

PE基金管理人不仅可以向投资对象委派董事从而在投资对象重大决策上行使一票否决权,而且在可转换优先股投资时也可以获得董事席位,甚至在特殊情况下以可转换债券方式投资时也可以在一定范围内行使表决权。PE基金管理人会通过投资协议事先约定表决权的分配和使用条件。

（三）控制追加投资

PE基金管理人主要通过两方面来控制对投资对象的追加投资:一是通过反稀释条款,防止其拥有的投资对象股权被稀释;二是通过自身的资本实力不断满足投资对象对后续资金的需要。

PE基金管理人对投资对象进行监控时,需要满足其自身的一个约束条件,即PE基金管理人对投资对象进行监控获得的收益应该大于或等于不监控时获得的收益。假设PE基金管理人对投资对象进行监控时,其投入的监控成本为C,进行监控时,投资对象成功的概率为p_{ia};不进行监控时,投资对象成功的概率为p_{ib}。投资对象成功时,PE基金管理人获得的收益为R_{pe},则PE基金管理人对投资对象监控时,需要满足以下约束条件:

$$p_{ia}R_{pe} - C > p_{ib}R_{pe}$$

投资对象成功时,投资管理人的收益为 R_{en} ,投资对象偷懒的效用为 U_{en} ,如果存在 $p_{ia}R_{en} - U_{en} > p_{ib}R_{en}$,即 PE 基金管理人监控时,投资对象管理人获得的收益大于 PE 基金管理人不监控时的收益。这个时候投资对象管理人会期望 PE 基金管理人能够进行监控,以便提高自身的效用。

为达到 PE 基金管理人对投资对象监控的目的,投资对象会努力提高投资对象成功的概率,即提高努力程度 e,这也达到了 PE 基金管理人通过监控手段对投资对象进行约束的目的。

除此之外,PE 基金管理人还可通过一些特殊合约条款,如估值调整、强制分红、清算优先权、累积优先股、反向特别保护权、拖带权、反稀释、特别投票权等,对投资对象进行约束。

第八章 债权人与并购基金管理人的协同机制研究

第一节 并购基金的常见并购流程

在国外,并购基金是 PE 的主流策略。在很多场合,当人们提及 PE 时,实际上指的是并购基金。在以养老金、保险公司和主权财富基金等机构投资者为主流的国际市场,并购基金是性价比较高且容易监控的投资选择。在国内,创业投资基金与成长基金占主流,但随着越来越多的资本涌入中国市场,中国的并购基金也在逐渐成长壮大。

与创业投资基金不同的是,并购基金管理人往往会使用杠杆。并购基金管理人在为并购进行借债时,由于信息不对称的存在,并购基金管理人和债权人之间存在着委托—代理问题。根据委托—代理关系理论,并购基金管理人在借债过程中,债权人是委托人,并购基金管理人是代理人,由于债权人和并购基金管理人之间存在信息不对称,并购基金管理人会因为个人利益而产生逆向选择和道德风险。为减少债权人与并购基金管理人之间的委托—代理问题,债权人需要对并购基金管理人进行激励和约束。为了清楚准确地研究这个问题,我们尝试通过建立债权人与基金管理人的预期收益模型,对债权人与基金管理人的委托—代理关系进行研究。

一般来说,并购基金管理人会先设立壳公司,并以一定的自有资金投入壳公司中,然后通过壳公司发行债券,进而收购目标公司,如图 8-1 所示。

例如,美国收购基金凯雷投资集团为收购徐工机械,专门成立的收购载体——凯雷徐工。但是,如果收购基金没有成功购买目标公司,则这个新设的壳公司就不会启用。

具体来看,并购基金管理人的操作流程如下:

在第一阶段,并购基金管理人从投资者(LP)那里获得提供资金的承诺。当并购基金管理人开始并购交易的时候,会通知投资者实际履行提供资金的义务。

在第二阶段,并购基金管理人寻找并筛选潜在的并购目标。并购基金管理人将花费大量的时间和资金(包括顾问和其他相关费用)来研究潜在

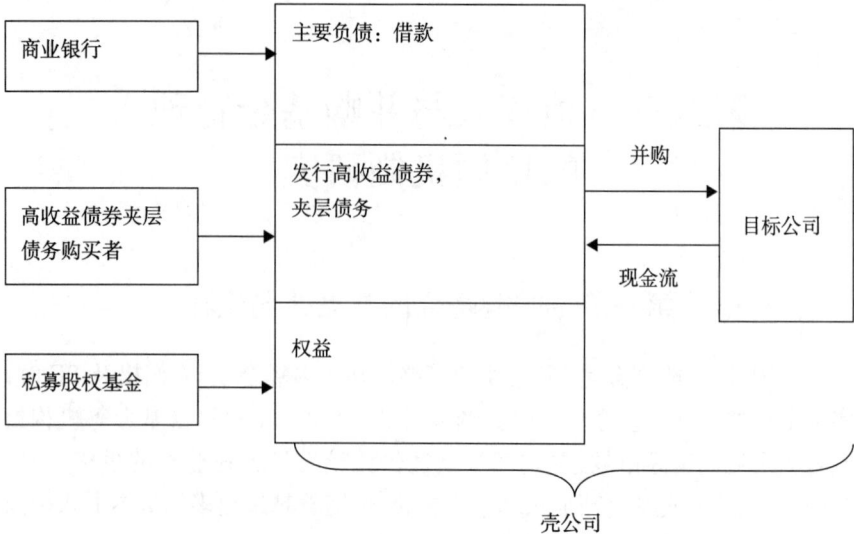

图 8-1　并购基金管理人的常见并购流程图

的并购目标。此外,并购基金管理人会通过投资银行、律师和其他市场中介机构来获得并购目标的相关信息。

在第三阶段,并购基金管理人从商业银行或投资银行获得贷款承诺,以获得收购目标公司所需要的资金。通过对外负债来获得并购资金是并购基金管理人开展并购业务中非常重要的环节。更重要的是,负债融资的法律协议是资金出让方和目标公司之间签署的,而非资金出让方和并购基金。并购基金一般有 60% 左右的资金来自负债。

在第四阶段,并购基金管理人完成对目标公司的并购,并寻求被并购公司在财务和业务运行方面的提升。其目的是为了提高被并购公司的价值,以便日后出售被并购公司时能够获得更多的利润。

在第五阶段,并购基金管理人通过出售被并购公司实现退出。并购基金管理人在实现投资回报之前,常常会持有被并购公司 3—5 年。一般而言,并购基金的存在时间为 10 年,通常用 5 年的时间来投资,5 年的时间来获得资金回报并为基金投资者实现预期利润。并购基金通过以下方式来获得退出:通过股票市场 IPO 来实现;出售给战略投资者或公司;出售给其他并购基金;出售给特殊目的并购公司。常见的退出方式是前三种。

目前,各国学者对并购基金的委托—代理关系的研究一般局限于一般合伙人 GP 与有限合伙人 LP 之间、基金管理人 PE 和投资对象之间的委托—代理关系,很少研究债权人与并购基金的委托—代理关系。

被并购基金并购的企业,一般是被资本市场低估、资本结构不合理或者现金流稳定但公司治理不佳的公司。因此,在并购基金进行杠杆并购时,存在一个最优资本结构的激励机制。

第二节　模型设定

一、被并购企业原有的负债

在研究并购基金并购企业时,为简化,假设一只并购基金只投资一个企业。而且被并购企业的原有负债已经被并购基金清偿,即被收购企业原有的负债已经不存在。并购基金运用被收购企业创造的全部收益偿还并购基金的借债,此时并购基金的资本结构等同于被收购企业的资本结构。

二、被并购企业的期末资产价值

并购基金用自有权益资金和向债权人借入的资金来并购企业,同时利用自身的管理、技术的优势,对被并购企业的资本结构和公司治理进行优化。假设并购基金将资金投入被并购企业后,被并购企业的总资产为 K ,企业资产的折旧系数为 θ ,被并购企业滋生的资产创新价值能力系数为 ζ ,由于并购基金持续的优势管理、技术的投入带来额外、持续的资产增值为 ω ,并购基金对被并购企业投入的影响是正向的,即 $\omega > 0$ 且 $E(\omega) > 1$ 。则在期末,被并购企业的资产价值为:

$$\zeta \omega K^{\alpha} + (1 - \theta)K \tag{1}$$

(1)式中: α 为柯布—道格拉斯生产函数。为简便起见,假设 $\alpha = 1$,仅仅研究资本创造的价值,而不关注劳动创造的价值。

三、并购基金向债权人借债

假设被并购企业的净资产为 n ,则期初并购基金向债权人借款的数额为 $K - n$,借款利率为 r 。在期末,没有发生违约时,债权人应获取的本金和利息为:

$$(1 + r)(K - n) \tag{2}$$

四、税　盾

高杠杆率的一个优势是,债务利息是在税前扣除,而股东利润是税后的。通过用债权资本替换股权资本,企业可以少交所得税,债权资本的这一作用也称为"税盾效应"。平均来说,企业通过借债带来的税盾价值,大概等于企业价值的10%。这里设税率为 τ。在模型中,我们只是分析单期的情况,如果企业没有违约,企业的税盾为 $r(K-n)\tau$;当企业发生违约时,单期产生的税盾无意义。而这里讨论的问题是企业违约情况未知时的税盾情况。在模型中,由于所得税与企业盈利是线性关系。所以建立模型时,先不考虑税盾的效应,待到进行激励分析时,再分别分析无税和有税情况下被并购企业该如何设置最优的债务结构。

五、对违约的处理

如果被并购企业在期末的资产价值小于应偿还给债权人的本金和利息时,就会发生违约,即当 $\zeta\omega K^\alpha + (1-\theta)K \leqslant (1+r)(K-n)$ 时,债权人就不能得到全部的利息和本金的偿付。在这里,假设存在 $\bar{\omega}$,即并购基金对被并购企业的管理、技术投入为 $\bar{\omega}$ 时,被并购企业的价值等于应偿还给债权人的本金和利息,也就是在违约临界点上并购基金对被并购企业的管理、技术能力投入创造的价值正好可以偿还债务的本金和利息。于是可以得到如下等式:

$$\zeta\bar{\omega}K^\alpha + (1-\theta)K = (1+r)(K-n) \tag{3}$$

发生违约时,债权人除了能从被并购企业的清算中得到偿付,还能从承担无限责任的并购基金一般合伙人 GP 的自有财产中得到偿付,即发生违约时,债权人得到的偿付为:

$$\zeta\omega K^\alpha + (1-\theta)K - \mu\zeta K^\alpha + \chi \tag{4}$$

(4)式中: μ 为被并购企业的破产成本系数; χ 为债权人从并购基金一般合伙人自有财产中获得的补偿,为简化,设 $\chi = 0$。

被并购企业的收益可以看作并购基金投入被并购企业管理、技术优势创造价值的函数,即并购基金投入被并购企业的管理、技术创造的价值 ω 越大,则收益会越高。我们假设并购基金对被并购企业进行管理、技术的投入是持续的,设 $\Phi(\omega)$ 为并购基金对被并购企业进行管理、技术投入创造价值的分布函数,则 $\Phi(\omega)$ 在区间 $[\omega, \infty)$ 上连续分布。这时,被并购企业获得的收益为: $\zeta K^\alpha E(\bar{\omega})$ (5)

(5)式中: $E(\bar{\omega}) = \int_{\bar{\omega}}^{\infty} \omega d\Phi(\omega) = [1 - \Phi(\bar{\omega})]\bar{\omega}$

债权人预期收益也可以表示为:

$$\zeta K^\alpha L(\bar{\omega}) + (1-\theta)K \tag{6}$$

$$L(\bar{\omega}) = 1 - E(\bar{\omega}) - \mu\Phi(\bar{\omega})$$

六、目标函数及约束条件

债权人对并购基金的并购业务进行分析时,会考虑违约和不违约两种情况,并寻找违约和不违约的一个收支平衡点,即违约情况出现时的收益与不发生违约情况下的收益相等,这也就是债权人所要遵守的约束条件,如下:

$$\zeta K^{\alpha}L(\bar{\omega}) + (1 - \theta)K = (1 + r)(K - n) \tag{7}$$

变形为:

$$\frac{\zeta K^{\alpha}L(\bar{\omega})}{\theta + r} = K - \frac{(1 + r)n}{\theta + r} \tag{8}$$

并购基金对被并购企业进行管理、技术的投入,目的是使被并购企业的期末收益最大化,即最大化并购基金管理、技术投入而创造的价值。可以得到并购基金对被收购企业的管理和技术投入而创造的价值目标函数:

$$\omega(n, \zeta) = \max_{K, \bar{\omega}} \min_{\lambda} \zeta K^{\alpha}E(\bar{\omega}) + \lambda[\zeta K^{\alpha}L(\bar{\omega}) + (1 - \theta)K - (1 + r)(K - n)] \tag{9}$$

(9)式中:λ 为约束条件 $\zeta K^{\alpha}L(\bar{\omega}) + (1 - \theta)K = (1 + r)(K - n)$ 的拉格朗日系数。

通过对(9)式的一阶导数求解可得,在债权人收支平衡的约束条件下,被并购企业的收益最大化时,借款利息 K 和期末违约临界点收益 $\bar{\omega}$ 需满足如下的条件:

$$\frac{\alpha \zeta K^{\alpha-1}E(\bar{\omega})}{\theta + r - \alpha \zeta K^{\alpha-1}L(\bar{\omega})} = -\frac{E'(\bar{\omega})}{L'(\bar{\omega})} \tag{10}$$

(10)式中:$\lambda(\bar{\omega}) = -\frac{E'(\bar{\omega})}{L'(\bar{\omega})} = \frac{1}{1 - \mu\Phi'(\bar{\omega})/[1 - \Phi(\bar{\omega})]} \geqslant 1$ (11)

第三节　模型分析与求解

一、不考虑税收的情况下被并购企业的最优资本结构

在模型设定中,已经求得被并购企业收益的目标函数,通过求目标函数 $\omega(n, \zeta)$ 与净资产 n 的导数,可以进一步求得被并购企业的最优资本结构。

根据(9)式,求 $\omega(n, \zeta)$ 对 n 的导数,得到:

$$\frac{\partial \omega(n, \zeta)}{\partial n} = \lambda(\bar{\omega})(1 + r) \tag{12}$$

将(11)式代入(12)式,可知:

$$\frac{\partial \omega(n,\zeta)}{\partial n} = \lambda(\bar{\omega})(1+r) = \frac{1+r}{1-\mu\Phi'(\bar{\omega})/[1-\Phi(\bar{\omega})]} \tag{13}$$

由(13)式可知 $\lambda(\bar{\omega}) \geqslant 1$,所以 $\frac{\partial \omega(n,\zeta)}{\partial n} \geqslant 1+r$, $\omega(n,\zeta)$ 是一个增函数。由于假设条件 $\omega \geqslant 0$,为取得收益函数 $\omega(n,\zeta)$ 的最大化,可得出 $\bar{\omega} = 0$,此时 $\frac{\partial \omega(n,\zeta)}{\partial n} = 1+r$,也就是被并购企业的内部收益率为 r。此时根据约束条件(7)式,可以得出最优的净资产为: $n^* = (\theta+r)K/(1+r)$。

此时,最优资本结构为净资产 n^*,负债为 $K-n^*$,二者都与借款利率 r 相关。

可见,在不考虑企业税的情况下,并购基金会向债权人借债,借债的数额为 $K-n^*$,在这种债务条件下,即便并购基金不对被并购企业进行管理和技术优势的投入,也不会发生违约。此时,债权人仍可以通过影响借款利率 r 来影响被收购企业的最优资本结构,并购基金为获取高的内部收益率,会不断地向被并购企业投入颇具优势的管理和技术,即债权人可以通过改变 r 来对并购基金进行激励。

二、考虑税收的情况下被并购企业的最优资本结构

并购基金没有违约时,被并购企业的收益除覆盖并购基金支付给债权人的利息外,还需要进行纳税。此时税率 τ 可以看作企业盈利的一个线性组成部分,那么在这种情况下,最优的资本结构公式可以变更为:

$$\frac{\partial \omega(n,\zeta)}{\partial n} = \frac{(1-\tau)(1+r)}{1-\mu\Phi'(\bar{\omega})/[1-\Phi(\bar{\omega})]}$$

上式相比(13)式,考虑了税收的影响($1-\tau$)。

此时,如果仍然取 $\bar{\omega} = 0$,则把 $\bar{\omega} = 0$ 代入上式,可以得出:

$$\frac{\partial \omega(n,\zeta)}{\partial n} = (1-\tau)(1+r) < (1+r)$$

即被并购的内部收益率小于 r,所以 $\bar{\omega} = 0$ 肯定不是最优水平,因为被并购企业有内部收益率达到 r 的改进空间。而此时,一定会存在一个资本结构最优点 n^*,使得:

$$\frac{\partial \omega(n,\zeta)}{\partial n} = 1+r$$

要达到这个目的,则应该使 $\bar{\omega} \geqslant 0$,即在违约临界点上,并购基金对被

并购企业进行优势管理和技术的投入创造的价值应该为正的。此时会存在一个最优的净资产 n^*，最优负债为 $K^* - n^*$。

可见，在有税的情况下，并购基金为获得一个最优的资本结构，会把违约临界点调整为 $\bar{\omega} \geqslant 0$，激励自己对被并购企业进行优势管理和技术的投入，从而降低违约的可能，即尽量使 $\omega \geqslant \bar{\omega}$。

通过以上的模型分析可以看出，并购基金为使被并购企业收益最大化，会把被并购企业的最优资本结构作为对自身的一个激励目标。为达到这一最优资本结构，并购基金会积极对被并购企业进行优势管理和技术的投入，即便最优的资本结构要求有一个较大的 $\bar{\omega}$，PE 基金仍能保证 $\forall \omega \geqslant \bar{\omega}$。如果当被并购企业的内部收益率大于债权人的借款利率 r 时，并购基金会向债权人借债；而当被并购企业内部收益率小于债权人的借款利率 r 时，并购基金会通过出售或其他行为来降低负债比例，使内部收益率与债权人的借款利率 r 相匹配。

因此，债权人可以通过适当调整借款利率 r，以便对并购基金最优资本结构进行激励。同时债权人的激励也影响到了 ω，鼓励并购基金管理人加强对并购企业的管理和技术的投入，进而达到降低并购基金的违约概率的目的。

第四节　债权人对并购基金的约束机制

债权人为使违约概率最小化，降低投资风险，除了对并购基金进行激励外，还需要对其进行约束。约束方式主要有：无限责任、担保约束和合约约束等。

在有限合伙制组织形式的并购基金中，一般合伙人对并购基金的负债负有无限责任。这是对有限合伙制基金债权人的保护机制，也是对并购基金的约束机制。

担保是债权人，尤其是银行，经常对债务人采用的约束机制。通常情况下，只有债务人不能如期全额偿还本金和利息时，才会涉及抵押。由于并购基金需要额外的财产对借款进行担保，所以在并购基金申请借款时，可以降低并购基金的逆向选择风险；并购基金申请借款后，为保护作为担保的额外财产的安全，会降低违约临界点 $\bar{\omega}$ 的值，从而降低违约的概率。

债权人在向并购基金借款时，为保护利息和本金能够得到偿付，一般会与并购基金签订合约，以约束并购基金的投资行为。以合约方式进行约束的具体的约束方法有：对并购范围的限制、对并购规模的限制等。

通过合约约束,债权人可以对并购基金能够并购的企业进行限制。例如,债权人可以限制(选择性约束)被收购企业的折旧系数 θ、被并购企业自身的资产创造价值能力系数 ζ,保证被并购企业具有一个对债权人有利的价值 $\zeta \omega K^{\alpha} + (1 - \theta)K$,进而降低违约临界点 $\bar{\omega}$ 的值,降低违约概率。

这里要说明的是,并购基金主要投资于成熟行业,通常寻求的是目标公司的控制权。并购基金投资的典型行业有金融、房地产、食品和制造业等。这类基金通常会以被投资企业的资产作为抵押大规模举债,这种收购方式也称为杠杆收购。由于欧美发达国家经济总体增速较低,多数行业处于成熟阶段,因此,并购基金是欧美 PE 业的主流投资方式。

第五节　案例:美国并购基金收购中国深圳发展银行

2011 年以前,主导杠杆收购的多数是外国基金管理公司。对中国进行杠杆收购的主要对象是境内国有企业或红筹企业,典型案例是 2004 年新桥基金收购深圳发展银行。

TPG(得太投资,Texas Pacific Group)是世界最大的 PE 投资机构之一,目前通过旗下一系列私募投资基金而管理超过 500 亿美元的资产。根据《国际私募股权》杂志披露,TPG 在 2011 年及 2012 年排名均为全球最大的私募基金公司。TPG 成立于 1992 年,并在 10 个国家设有 17 个办事处。TPG 对杠杆收购、少数股权投资、合资、业务分拆及企业重组等 PE 投资活动拥有丰富的经验。TPG 在欧美市场擅长企业收购和控股投资,在亚洲新兴市场则侧重于少数股权投资,成为所投资企业的重要股东。TPG 过去的五年在中国投资超过 10 亿美元。TPG 的亚洲投资业务——新桥投资集团于 1994 年由得克萨斯太平洋集团和美国布兰投资公司创建,注册地在美国德拉维尔,它是亚洲最大的 PE 投资机构之一,其管理的资金达 17 亿美元。业务主要集中在旧金山、纽约、香港、东京、首尔、新加坡、上海等金融中心城市,其主要股东为 GE 投资财团、世界银行、大都会保险和新加坡投资基金等。

2002 年,新桥与深圳发展银行开始收购谈判,于 2004 年 10 月以 12.35 亿元的价格获得深圳发展银行 17.89% 的股份。深圳发展银行在被收购之前是上市公司,但新桥并没有将深圳发展银行整体收购退市的企图,而且新桥基金在 2007 年 12 月和 2008 年 6 月还分别增持了深圳发展银行的股份,金额为 10.02 亿元。新桥入股之后曾多次尝试出售深圳发展银行股份。有购买意向的还真不少,包括国家开发银行、通用电气、宝钢、JP 摩根和雷曼兄弟等。但由于中国股票市场从 2005 年经历了"大牛市"和"大熊市"的快速转换,这些尝试都没有成功。

2009 年 6 月,平安保险集团(平安)宣布与新桥达成协议。平安集团在收购协议中承诺,新桥可以选择现金支付,也可以选择平安 H 股支付对价。现金支付对价约为 114.49 亿元,相当于新桥成本价的 5.14 倍。新桥也可以选择平安新发行的 2.99 亿股 H 股作为支付对价。按照当时平安 H 股的价格(未考虑摊薄),对价折合人民币 155 亿元,相当于新桥成本价的 7 倍。新桥选择了后者。2010 年 5 月,在中国监管机构批准该交易之后,新桥获得了平安发行的 H 股股份。至 2010 年 9 月,新桥将所持的平安 H 股全部套现,获得 187.76 亿港元(约 162 亿元),约合其成本的 8 倍。由此可见,该并购基金的高收益。2012 年,深圳发展银行吸收合并了平安集团旗下的平安银行,并更名为平安银行。深圳发展银行这一名称从此成为历史。

并购策略是 2011 年海外市场中国概念股暴跌之后才开始在中国盛行的。在此之前,由于债务融资渠道缺乏的原因,这种收购案例在中国并不常见。2008 年,银监会发布了《商业银行并购贷款风险管理指引》,对银行发放并购贷款的操作进行了规范。银监会明确表示,不支持商业银行发放以财务投资为目的的并购贷款,杠杆收购显然属于财务投资而非银监会支持的产业并购。除银行贷款之外,中国主要的债务融资为债券,现存债券主要有企业债、短期融资券/中期票据、公司债及中小企业私募债。不管是哪一类债券,以杠杆收购为目的的项目公司都不是被认可的发行主体。在此背景下,中国杠杆收购的债务融资渠道主要是海外市场,因此,中国多数杠杆收购交易的项目公司是在海外注册的离岸公司。

在 2011 年以前,中国杠杆收购的对象主要是境内的国有企业及红筹民营企业,这一阶段主导杠杆收购的多数是外国基金管理公司。

2011 年之后,随着中国概念股在美国市场的暴跌,不少知名企业的价值都跌入不合理区间。与这些企业的创始人合作将海外上市企业收购退市便成为中国 PE 的重要业务。随后,中国境内的基金管理公司也开始参与这类交易。

第九章　基金管理人对投资对象的分段投资决策机制研究

第一节　假设条件与投资对象产生道德风险的原因分析

一、假　设　条　件

考虑一个新创建的目标企业（投资对象），企业运作需要的资金依赖于基金管理人（GP）的投资。为此我们做出如下假设：

（1）设目标企业要顺利运行至少需要总量为 k 的资金，另外，目标企业要能创造价值离不开投资对象（EN）的努力 e，但 EN 付出努力是有成本的，设其成本函数为 $C(e) > 0$。

（2）目标企业在生产过程中面临着一个不确定的环境，用 μ 来表示随机因素对利润的影响，设 μ 在 $[0, \infty]$ 上服从分布 $G(\mu)$，其密度函数为 $g(\mu)$。

（3）设目标企业的产出函数为 $y = F(e, k, \mu)$，那么当 GP 的投资是数量为 k、EN 的努力为 e 时，企业的期望产出为 $E_\mu(y) = \int_0^\infty F(e, k, \mu) dG(\mu)$。这里，努力的成本函数和产出函数的形式以及随机影响因素 μ 的分布都是共同知识，μ 的值只有在期末企业的产出被实现后才能知晓。

另外，EN 的努力水平是他的私人信息，GP 是观测不到的。因此，投资对象的努力水平 e 是不能写入合约中的，仅产出的期望实现值是可以事先写入合约中的。假设在合约的协商过程中 GP 有完全的议价能力，即合约由 GP 提出，EN 只能选择接受或拒绝。这里假设合约是一个简单的关于收益或产出的利润分成 $(s, 1-s)$，其中 EN 获得的收益份额为 s，GP 获得的收益份额为 $(1-s)$。

此时，我们首先可以将 GP 和 EN 之间的关系看成一个单阶段的博弈过程，GP 的决策变量是其获得的收益份额 $(1-s)$，EN 的决策变量是其努力水平 e。注意，k 是开发 PE 投资项目所必需的最少资金，设其是给定的常数,并不是 GP 的决策变量。GP 与 EN 之间的博弈顺序为:在第一阶段,GP 提供投资合约,即规定各自对产出的利润分成为 $(s, 1-s)$;在第二阶段, GP 向企业项目注入总量为 k 的资金,EN 选择努力水平 e 来运营 PE 投资项目;在第三阶段,随机影响因素被确定,产出得以实现,GP 与 EN 按照分成合约同时对利润进行分配。在第四阶段,假设 GP 和 EN 是风险中性的。

另外,我们对生产函数和成本函数也做出一些假设:

第一, $c'(e) > 0, c''(e) > 0$,即 EN 越努力,获得的负效用越高(付出的成本越高),并且随着努力水平的提高,边际努力成本是增加的。

第二, $\dfrac{\partial E_\mu(y)}{\partial e} > 0, \dfrac{\partial^2 E_\mu(y)}{\partial^2 e} < 0$,即投资对象越努力 PE 投资项目的期望产出越高,并且努力的边际产出是递减的。

二、投资对象产生道德风险的原因分析

根据委托—代理理论,基金管理人 GP 的合约设计问题实际上等于如下的优化问题,即寻找一个利润分成合约 $(s, 1-s)$ 在满足 EN 的个人理性约束和激励相容约束下最大化自己的期望利润:

$$(W_1) \quad \max_{s,e} \int_0^\infty (1-s) F(e, k, \mu) g(\mu) d\mu - k \tag{1}$$

$$s.t. \quad \int_0^\infty s F(e, k, \mu) g(\mu) d\mu \geq c(e) \tag{2}$$

$$\max_e \int_0^\infty s F(e, k, \mu) g(\mu) d\mu, (0 \leq s \leq 1, e \geq 0) \tag{3}$$

(1)式 是 GP 在信息不对称下所考虑的一般股权激励模型(不考虑分段投资)。(2)式是 EN 的个人理性约束,是为了保证 EN 能够接受 GP 提供的投资合约(设 EN 的保留收益为 0);(3)式是激励相容约束,即为了保证 EN 能够选择对 GP 来说最优的努力水平,此优化问题的解即 GP 的最优合约。

对(2)式两边求一阶导数可得:

$$\frac{\partial}{\partial e} \int_0^\infty s F(e, k, \mu) g(\mu) d\mu = c'(e)$$

因此,不对称信息下最优的努力水平即帕累托次优的努力水平(用 e^{SB} 表示)为

$$s \int_0^\infty \frac{\partial}{\partial e} F(e^{SB}, k, \mu) g(\mu) d\mu = c'(e^{SB})$$

为了和对称信息下的努力水平进行比较,我们暂时忽略激励相容约束。

此时仅个人理性是紧约束的,如下:

$$\int_0^\infty sF(e,k,\mu)g(\mu)\,d\mu = c(e)$$

将此式代入目标函数并对 e 求一阶导数,得到对称信息下的最优努力水平即帕雷托最优的努力水平(用 e^{FB} 表示):

$$\int_0^\infty \frac{\partial}{\partial e}F(e^{FB},k,\mu)g(\mu)\,d\mu = c'(e^{FB})$$

因为 $\dfrac{1}{c'(e^{FB})}\displaystyle\int_0^\infty \frac{\partial}{\partial e}F(e^{FB},k,\mu)g(\mu)\,d\mu = 1 \leqslant \dfrac{1}{s} = \dfrac{1}{c'(e^{SB})}\displaystyle\int_0^\infty \frac{\partial}{\partial e}F(e^{SB},k,$

$\mu)g(\mu)\,d\mu$,又 $\dfrac{\partial E_\mu(y)}{\partial e} > 0, \dfrac{\partial^2 E_\mu(y)}{\partial^2 e} < 0$,即 $\dfrac{\partial E_\mu(y)}{\partial e}$ 严格为正且关于 e 是

递减的,而 $c'(e) > 0, c''(e) > 0$ 即 $c'(e)$ 也是严格为正且关于 e 是递增的,所以 $e^{SB} < e^{FB}$,即投资对象在不对称信息下的努力水平低于完全信息下的努力水平。因此,道德风险发生了。

GP 和 EN 之间的信息不对称以及他们之间的利益冲突,使 EN 的努力是低效的,从而导致帕雷托最优的风险分担结果无法实现。在市场经济的大环境下,虽然 GP 可以通过部分市场资料知道外生风险的概率分布 $G(\mu)$,但他却不可能知道实际会发生哪一种自然状态。当出现不满意或亏损的局面时,GP 无法确定是由于 EN 不努力工作造成的,还是由于外界发生市场不可控的因素造成的。因此,GP 和 EN 的行为不可证实性使得监督无法实施,从而导致道德风险问题的发生。

第二节　基金管理人对投资对象分段
投资决策的股权激励模型

现在 PE 投资决策面临的问题是:面对收益的随机分布,GP 需要决定一个利益分成合约和在每一期的投资数量;EN 需要选择一个努力水平。均衡策略(s,e,k_1,k_2)将在 GP 和 EN 的博弈关系中被内生决定。GP 和 EN 之间的博弈顺序如图9-1所示。

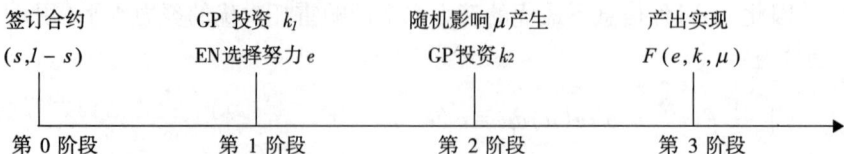

签订合约	GP 投资 k_1	随机影响 μ 产生	产出实现
$(s,1-s)$	EN 选择努力 e	GP 投资 k_2	$F(e,k,\mu)$
第 0 阶段	第 1 阶段	第 2 阶段	第 3 阶段

图9-1　GP 和 EN 博弈的顺序

从图中可知：

（1）在第 0 阶段，GP 提供一个利润分成合约 $(s,1-s)$ ，EN 选择接受或拒绝，如果合约被接受，PE 投资项目启动。

（2）在第 1 阶段，GP 决定一个投资计划 (k_1,k_2) ，并提供第一期的投资 k_1 ；EN 选择努力水平 e ，这将导致成本 $c(e)$ 。

（3）在第 2 阶段，随机影响 μ 产生，GP 面临选择退出还是继续投资。如果项目不是有利可图的，GP 将抛弃项目拒绝提供投资 k_2 ；如果项目是好的，他将继续投资，提供必要的资金 k_2 。

（4）在第 3 阶段，项目完成，收益值 $F(e,k,\mu)$ 得以实现，GP 和 EN 基于事前签订的合约对利润进行分配。

我们先从第 1 阶段的投资决策开始分析，即给定 GP 在第一期的投资为 k_1 ，EN 选择努力水平 e 以及被确定的随机因素 μ ，GP 决定是继续投资该 PE 投资项目还是终止它。用 μ_0 表示满足如下条件的随机变量值：$(1-s)F(e,k,\mu_0)=k-k_1$ 。由 GP 的事后个人理性约束可知，当 $\mu \geqslant \mu_0$ 时，GP 将提供资金；而当 $\mu \leqslant \mu_0$ 时，GP 将终止投资。因此，μ_0 是 GP 决定是否投入第二期资金的随机变量的临界值。从 μ_0 的定义可看出，一个更高的努力水平 e 、一个更少分成 s 以及一个更大的初始投资 k_1 都将降低这个界限，这也意味着一个更小的终止投资的可能性。出于简化目的，不考虑时间的贴现率。

考虑到 GP 在中期终止投资的可能性，EN 从 PE 投资项目中得到的期望利润为：

$$\pi_{EN} = \int_{\mu_0}^{\infty} sF(e,k,\mu)g(\mu)d\mu - c(e)$$

GP 的决策问题为，在保证 EN 的个人理性约束和激励相容约束的条件下最大化的期望利润：

$$(W_2) \quad \max_{s,k_1,e}\pi_{GP} = \max \int_{\mu_0}^{\infty} \left[(1-s)F(e,k,\mu) - (k-k_1)\right]g(\mu)d\mu - k_1 \tag{4}$$

$$s.t. \int_{\mu_0}^{\infty} sF(e,k,\mu)g(\mu)d\mu \geqslant c(e) \tag{5}$$

$$\frac{\partial}{\partial e}\int_{\mu_0}^{\infty} sF(e,k,\mu)g(\mu)d\mu = c^{'}(e)(0 \leqslant s \leqslant 1,0 \leqslant k_1 \leqslant k,e \geqslant 0) \tag{6}$$

（4）式是 GP 的最大化的期望利润，（5）式是为了保证 EN 接受合约，（6）式是通过 EN 的效用最大化行为来实现 GP 所希望的努力水平。上述优化问题的解即为采用分段投资方式时的最优机制。

　　为了得到分段投资最优机制的显式解，以便与不分段投资的情况进行比较，我们需要对努力成本函数、产出函数以及分布函数的具体形式做出假定：

　　(1)随机变量 μ 服从区间 $[0,2]$ 上的均匀分布，即 $\mu \sim U[0,2]$，其密度函数为：

$$g(\mu) = \begin{cases} \dfrac{1}{2}, \mu \in [0,2] \\ 0, \text{其他情况} \end{cases}$$

　　(2)期望产出函数是线性的。另外，随机因素以乘积的形式出现在产出中，根据柯布道格拉斯生产函数，则产出函数为 $F(e,k,\mu) = a_1 e^\alpha k^{1-\alpha}\mu$（其中 a_1 为生产技术，α 为产出对努力的弹性，$\alpha \geq 0$）。为了研究的方便，令 $\alpha = 1$，$a_1 = 2$，这样不会改变模型的本质。如此一来，$F(e,k,\mu) = 2e\mu$，因此，$E_\mu[F(e,k,\mu)] = 2e$。

　　(3)努力的成本函数为 $c(e) = 0.5e^2$。可以验证这些假定是满足前面我们所介绍的假设条件的。注意，对这些函数形式的假设不是本质的，只是为了得到显性解以进行静态比较，从而较快地得出一些结论。

　　将以上对各函数形式的具体假定分别代入 EN 和 GP 的利润函数表达式中，可得 EN 的期望利润为：

$$\pi_{EN} = \int_{\frac{k-k_1}{2e(1-s)}}^{\infty} s\mu e g(\mu)\,d\mu - 0.5e^2 = 2se - \frac{s}{8e}\left(\frac{k-k_1}{1-s}\right)^2 - 0.5e^2 \qquad (7)$$

GP 的期望利润为：

$$\pi_{GP} = \int_{\frac{k-k_1}{2e(1-s)}}^{\infty} [2(1-s)\mu e - k_2]g(\mu)\,d\mu - k_1 = 2e(1-s) + \frac{1}{8e}$$

$$\left(\frac{k-k_1}{1-s}\right)^2 - k_1 \qquad (8)$$

　　根据委托—代理理论分析思路，我们知道 EN 的个人理性约束是紧的，即有下式成立：

$$2s - \frac{s}{8e^2}\left(\frac{k-k_1}{1-s}\right)^2 = 0.5e \qquad (9)$$

同时 EN 的激励相容约束等价于：

$$2s + \frac{s}{8e^2}\left(\frac{k-k_1}{1-s}\right)^2 = e \qquad (10)$$

　　将(9)式和(10)式相加得到：

$$s = \frac{3e}{8} \tag{11}$$

将此结果代入(9)式得：

$$k_1 = k - \frac{4\sqrt{3}}{3}e + \frac{\sqrt{3}}{2}e^2 \tag{12}$$

将(11)式和(12)式代入 GP 的目标函数得到如下的表达式：

$$\pi_{GP} = \frac{8}{3}e - e^2 - k \tag{13}$$

对(13)式求关于 e 的一阶条件可得最优的努力水平：$e^* = \frac{4}{3}$

将 e^* 分别代入(7)式、(9)式、(10)式以及(12)式可得：

$$s^* = \frac{1}{2}; k_1^* = k - \frac{8\sqrt{3}}{9}; \pi_{GP}^* = \frac{16}{9} - k; \pi_{EN}^* = \frac{8}{9}$$

通过以上的求解过程,我们得到了分段投资的最优合约安排:目标企业(投资对象)收益的分成比例 s^* ,GP 在第一期的投资分配 k_1^* 以及投资对象的努力水平 e^* 。

第三节　分段投资对减轻投资对象道德风险的解释

下面我们来解释基金管理人对投资对象实施分段投资决策时,为什么会减轻投资对象的道德风险。

为了说明分段投资在减轻道德风险中的作用,我们需要在本章第一节提及的投资不分段(项目启动)时将全部资金一次性注入企业的情况下,求出最优的决策结果以作比较。在一次性投资下 GP 的合约设计模型如下：

$$(W_3) \quad \max_{0 \leqslant s \leqslant 1, e > 0} \frac{1}{2} \int_0^\infty 2(1-s)e\mu d\mu - k \tag{14}$$

$$s.t. \quad \frac{1}{2} \int_0^\infty se\mu d\mu \geqslant c(e) \tag{15}$$

$$\frac{\partial}{\partial e} \int_0^\infty 2se\mu d\mu = c'(e) \tag{16}$$

为了以示区别,加上标 UF 表示一次性融资的最优解：

$$s^{UF} = \frac{1}{2}, e^{UF} = 1, \pi_{GP}^{UF} = 1 - k, \pi_{EN}^{UF} = \frac{1}{2}$$

将上面的最优解与分段投资的最优解相比可得出如下结论：

$$s^* = s^{UF}, e^* > e^{UF}, \pi_{GP}^* > \pi_{GP}^{UF}, \pi_{EN}^* > \pi_{EN}^{UF}$$

上面的结论表明:两种情况下的最优利润分成是一样的,但在分段投资下 EN 的努力水平比在一次性投资下 EN 的努力水平要高,而且 GP 在分段投资下获得的利润要严格的大,EN 在分段投资下获得的利润也是严格的大。

这就说明,GP 实现分段投资的方式减轻了 EN 的道德风险行为,改善了 GP 的收益,当然也提高了 EN 的收益。这主要是因为,当 GP 被要求一次性地投入全部资本金时,他仅有一种选择——在 PE 投资项目启动时决定是否投资,在努力不可证实的情况下,利润分成 s 是 GP 唯一用来控制道德风险的工具(股权激励)。而在分段投资下 GP 又多了一种控制工具,即在 PE 投资项目中期有退出投资的权利,既然仅当 $2(1-s)\mu e < k_2$ 时 GP 终止投资,那么 EN 会提高努力水平以减少 GP 终止投资的可能性。另外,在一次性投资中信息不对称是严重的,这使 EN 能够获得一部分的事前剩余或称信息租金;而在分段投资下,GP 在中期能观察到随机因素的影响,因此信息不对称的程度被减轻,这允许他占有 EN 更多的事前剩余,即 $\pi_{GP}^* > \pi_{GP}^{UF}$。

如果用 GP 和 EN 的利润和表示 PE 投资的社会福利($W = \pi_{GP} + \pi_{EN}$),那么分段投资下的社会福利 W_{SF} 与一次性投资下的社会福利 W_{UF} 相比,有:

$$W_{SF} = \frac{24}{9} - k > W_{UF} = \frac{3}{2} - k \tag{17}$$

因此,分段投资能改进社会福利。

下面我们将本章第二节的结果与对称信息下分段投资的结果作比较。对称信息下的分段投资模型与模型 W_2 类似,只不过没有激励相容约束(6)式。为以示区别,用上标 FB 表示对称信息下的最优合约:

$$s^{FB} = \frac{1}{2}, e^{FB} > 2, k_1^{FB} = k, \pi_{GP}^{FB} = 2 - k, \pi_{EN}^{FB} = 0$$

从这一结果可以看出,虽然分段投资能减轻 EN 的道德风险行为,但还不能将它完全消除($e^{FB} > e^*$)。与在对称信息下 EN 的利润被 GP 全部占有的事实相比(注意:我们在委托—代理模型中假设了 GP 具有完全的议价能力),EN 仍然能获得较高的企业利润 $\pi_{EN}^* = \frac{8}{9} > \pi_{EN}^{FB} = 0$。

第四节　分段投资对投资对象分段
选择不同努力水平的解释

在前面的分析中,我们是假设 EN 在整个 PE 投资项目运行过程中付出

同样的努力水平 e。而事实上,如果 EN 预期到 GP 有在中期终止投资项目的可能性,那么 EN 在 GP 的不同投资时段选择不同的努力水平会更有利。原因是,如果 GP 在中期终止投资,这会使 EN 在前期付出的努力付诸东流,而付出努力是有(沉没)成本的,因此,一旦 PE 投资项目失败努力的成本就无法收回,预期到这种风险 EN 就会在 GP 投资的第一期时选择低的努力水平。另外,因为 EN 对 PE 投资项目的最终收益享有利润分成,那么在股权激励下 EN 有积极性在第二期即确定 GP 继续投资投资后选择高的努力水平,以期获得较高的回报。下面我们将假设在 GP 不同投资时段上,允许 EN 选择不同的努力水平,以探讨在这种情况下分段投资的最优合约设计,以及对减轻道德风险的影响。

假设 EN 在 GP 投入第一期资本金时所选择的努力水平为 e_1,在 GP 决定继续投入第二期资本金时所选择的努力水平为 e_2。由前面的分析我们知道,GP 决定继续第二期的投资当且仅当他预期到未来的期望收益非负,即

$$2(1-s)\mu(e_1+e_2) - (k-k_1) \geq 0 \tag{18}$$

使 $\bar{\mu} = \dfrac{k-k_1}{2(1-s)(e_1+e_2)}$,那么 GP 的事前合约设计问题为:

$$(W_4) \quad \max_{s,k_1,e_1,e_2} \int_{\bar{\mu}}^{2} [2(1-s)(e_1+e_2) - k_2]g(\mu)d\mu - k_1 \tag{19}$$

$$s.t. \int_{\bar{\mu}}^{2} [2s\mu(e_1+e_2) - c(e_2)]g(\mu)d\mu - c(e_1) \geq 0 \tag{20}$$

$$\max_{e_1,e_2} \left\{ \int_{\bar{\mu}}^{2} [2s\mu(e_1+e_2) - c(e_2)]g(\mu)d\mu - c(e_1) \right\} \tag{21}$$

$$0 \leq s \leq 1, 0 \leq k_1 \leq k, e_1,e_2 \geq 0 \tag{22}$$

求解上述优化问题,得到如下的解:

$$s^{**} = \frac{2}{3}; e_1^{**} = \frac{1}{3}; e_2^{**} = \frac{4}{3}; k_1^{**} = k - \frac{64\sqrt{3}}{81}$$

$$\pi_{GP}^{**} = \frac{486}{243} - k; \pi_{EN}^{**} = \frac{256}{243}$$

结论:在整个过程中实施一种努力水平与允许 EN 分段选择努力水平相比,在后一种情况下 EN 得到的利润分成更多($s^{**} = \dfrac{2}{3} > s^* = \dfrac{1}{2}$),实施的努力水平更高($e_1^{**} + e_2^{**} = \dfrac{5}{3} > e^* = \dfrac{4}{3}$),并且 GP 与 EN 的收益都有所改进 $\pi_{GP}^{**} = \dfrac{486}{243} > \pi_{GP}^* = \dfrac{16}{9}$。

对于上面的结论我们有如下的直观解释。

首先,当允许 EN 分段选择努力水平时,他被赋予了在 PE 投资项目运作中调整努力水平的更多的自由。也就是说,PE 投资的收益要更多地依赖 EN 的选择,因此,EN 在利益分配的协商过程中拥有了更高的议价能力,这将导致他在最终的利润分成中占有更多的份额。

其次,当 EN 能分段选择不同的努力水平时总的努力水平提高了,从而道德风险问题有更大程度的减轻。一方面,EN 面临着 GP 终止投资从而使得他在前期付出的努力成本无法收回的风险,为了降低这种风险下的成本损失,EN 会在第一期投资时选择较低的努力水平。但努力水平也不能选择得太低,因为太低的努力水平会增加 GP 在中期终止投资的可能性 [由 (18) 式可以看出]。因此,EN 需要在减少 GP 终止投资所导致的努力成本损失和增加 GP 继续投资的可能性之间进行权衡,以选择合适的第一期努力水平。另一方面,因为 EN 对 PE 投资项目的最终收益享有更大的利润分成,那么在股权激励下 EN 有积极性在第二期确定 GP 继续投资后选择高的努力水平,以期获得较高的回报。综上可知,当允许 EN 分段选择不同的努力水平时,道德风险问题会有更大程度的减轻。

最后,GP 和 EN 的收益水平都有所改善。在本章第二节的分析中,EN 只要选择了一个努力水平就要将它一直继续下去。而为了降低 GP 终止投资所导致的风险,EN 一般不会选择很高的努力水平。但是在第二期当确定 GP 继续投资时,这个努力水平对 EN 来说就是一个无效的选择,因为既然 EN 拥有一部分股权,那么低的努力水平将导致低的回报。而当允许 EN 在中期重新选择努力水平时事情就会不一样,因为即使 EN 在项目初期选择了低的努力水平,也可以在后期选择高的努力水平予以补偿。因此,EN 事后选择努力水平的有效性改善了双方的收益,从而改善了 PE 投资总的福利水平。

第五节　投资项目的分段投资决策案例

考虑一个两阶段投资项目。设有一个运用新技术的开拓型项目,期初需投资 5000 万元,项目寿命期为 4 年,各年预期产生的净现金流如表 9-1 所示,项目的风险调整贴现率是 20%。如果通过该项目的实施证明新技术是成功的,则企业可以将新技术运用于商业化生产,其规模将是开拓型项目的 3 倍。即在第 4 年年末,企业进行新的一轮投资,投资规模为 1.5 亿元,我们称后续投资项目为商业化项目,其每年预期可产生的净现金流为开拓型项目相应年份的 3 倍,如表 9-1 所示。

表 9-1 项目现金流量表

单位:万元

年限	0	1	2	3	4	5	6	7	8
第一期投资现金流	-500 0	1000	2000	3000	1000				
第二期投资现金流					-15000	3000	6000	9000	3000

若使用净现值法计算第一期投资,则有

$$NPV = \sum_{t=0}^{n} \frac{CF_t}{(1+R)^t} = \sum_{t=1}^{4} \frac{CF_t}{(1+R)^t} - I(0) = -559.414(万元)$$

其中,CF_t 为 t 时刻产生的现金流量,R 为现金流的贴现率,n 为项目寿命期,$I(0)=5000$ 为初始投资额。项目的净现值为-559.414<0,因此,该项目应该被拒绝。应用 NPV 方法对第二期投资即商业化投资进行分析,得到第二期投资的净现值 NPV 为-809<0,得出结论,商业化项目也是不应采纳的。

但是,这种分析是不正确的。首先,两阶段投资性质不同,不应简单处理。开拓型项目 5000 万元的投资属于战略型投资,其未来的收益不仅体现在未来带来的现金流上,更重要的是为项目赢得了 4 年后扩大规模的机会,即创造了到期日为 4 年的增长期权。同时,商业化项目的投资并未真正从项目中流出,发生与否取决于未来产品市场的变化。第 4 年年末,若如期追加这部分投资,将在 5—8 年内给目标企业带来商业化收益;反之,若市场发生较大的不利因素,此投资将避免。由于忽略了第二阶段追加投资本身隐含的期权价格,上面的计算导致了投资项目估值的偏差。

下面我们应用 B-S 期权定价方法来分析这一开拓型项目的实际价格。

标的资产当前价格 $S = \sum_{t=5}^{8} \frac{CF_t}{(1+R)^t} = 6425$ 万元

其中,项目风险调整贴现率 R 为 20%。

该实物期权的执行价格 $X = 15000$ 万元

$$d_1 = \frac{\ln(S/X) + (r + \sigma^2/2)T}{\sigma\sqrt{T}}, d_2 = d_1 - \sigma\sqrt{T}$$

期权价格 $C = SN(d_1) - Xe^{-rT}N(d_2)$

其中,无风险利率为 10%,标的资产价格的标准差为 35%,期权期限为

4年。将这些数据代入,得到项目增长期权价格为860万元。因此,上述开拓型PE投资项目的总价格为NPV−C=−559.414+860=301万元>0。这一结果表明,投资是正确的,投资计划可行。

第十章 私募股权投资项目的期权特征、分类与应用研究

第一节 私募股权投资项目的期权特征分析

研究国内外 PE 投资项目不难发现:PE 投资项目具有期权性质。PE 基金经理对目标企业的投资就像购买了一份期权,一旦成功将获得巨大收益,即使失败其最大损失也只是投入的 PE 资本。PE 基金经理向目标企业投入一定的风险资本从而拥有一定的股份,但他的目的不是为了拥有此企业,而是为了在目标企业增值后出售自己所占的股份以获得更大的投资收益。所有 PE 基金经理相当于以投入的资本购买了一份期权,它赋予 PE 基金经理在 T 时刻(T 为投资到期日)以某一价格出售自己手中股份的权利。该期权以 PE 基金经理在目标企业中占有的股份为标的资产,设其现在的市场价格为 S。PE 基金经理的目标是在 T 时使其价值增值为 X,故可以视 X 为期权的执行价格。

一、私募股权投资的研究与发展(R&D)项目的期权特征

目标企业的 R&D 项目投资行为同金融股票的投资行为在运作上有其相似之处,如表 10-1 所示。

表 10-1　金融期权和 R&D 投资对照表

对比	投资金融期权	投资 R&D 期权
投资者具有的权利	以约定的价格购买金融资产	在研发阶段完成时有权决定是否投入生产和销售
投资者承担的义务	不执行期权的损失是期权买入成本(买入价格)	在研发阶段完成时不生产和销售的损失是研发和发展项目的投入成本

虽然股票期权的投资与 R&D 项目的投资在严格意义上并不相同,但对于投资者都因为购买了一项资产而被赋予了一种权利。金融期权的持有者在期权到期日之前有权买入一定数量的金融资产;而 R&D 项目的投资者则

在研发阶段完成后有权决定是否对此项目进行生产或出售。而且这两种资产的投资者在不执行该投资所给予的权利时,并不会给自己带来更多的责任,其损失是固定的,即金融期权的持有者的损失就是该期权的买入价格;R&D项目的投资者的损失是该项目的研发费用或该项目的买入价格。这两种投资者都有收入和风险不对称的特性。

二、私募股权投资中产品的经营项目的期权特征

一般来讲,PE投资中产品和经营项目的投资行为是一个渐进的阶段性行为。一个项目的投资往往是按时间顺序排列的(如创业期、成长期和成熟期等),可分解为多个相互联系的子项目组合。由此,投资决策也不是一次性的,而是分阶段进行的,即序贯决策。每一个子项目代表决策的一个阶段,每个决策点都是根据前面各阶段的相关信息和对未来各阶段的预期所面临的新的决策点,都面临着一个新的选择权,即实物期权。因此,一个产品项目和经营项目的投资也可看作是由一个或多个期权组合而成的期权项目。与金融期权类似,它也赋予其持有者在规定的时间内按一定价格得到或出让某种资产的权利,只不过绝大多数实物期权更像美式期权,可以在期权的有效期内任意时刻执行。

三、多阶段连续私募股权投资行为的期权特征

对于某个目标企业来说,进行一项R&D项目投资、开发某一产品市场、完成一项战略性兼并等项目,都可以看作是一个企业增长期权。也就是说,如果企业决定执行,其结果将为企业今后的进一步发展提供了机会或可能(可视为更多的实物期权)。因此,企业在考虑是否执行这类实物期权时,其重点往往不在于其本身所产生净现金流量的大小,而更多地关注它所提供的后续实物期权的价值,如新技术的突破、新资源的获得或新市场的进入等给企业未来可能带来的巨大发展潜力和战略优势。

从期权的角度看,这些投资行为都是一系列的实物期权投资行为,而且是先后关联的复合期权,即对于前一个实物期权来说,其执行价值不仅仅取决于自身的特征,而且与其他未执行的后续一个或多个实物期权的价值无关。

四、实物期权定价方法的适用性

传统的项目投资决策方法认为,风险越大,项目的净现值越小,因而越不利于项目的采纳。而从期权的角度,不确定性越大,期权的价值越大,因

而越具有项目投资的价值。可见,传统的项目投资决策方法认为,如果此时进行的投资获利不大或导致亏损,就应该放弃投资。而基于期权的项目投资决策方法,它考虑了投资项目所隐含的弹性价值。因此,在存在高度不确定性的 PE 投资项目的定价中,实物期权定价法提供了更为可靠的分析结果,使其能更符合投资项目的特性。

第二节 私募股权投资项目的期权分类

创业是基于技术创新的商业化,它通过组织来实现。组织的外部(客户、供应商、竞争者)、组织的内部(知识、流程)及雇员能力存在极大的不确定性。创业管理意味着把不确定性视为机会,通过选择和决策获得所期望的结果。创业中的不确定性与相应的权利选择是 PE 投资管理所要处理的核心问题。

前面已经介绍,期权是一种选择权,它赋予投资者的是权利而不是义务。它能使持有者在规定的时间内按预定的条件实施某种行为。这项权利与义务的不对称现象不仅广泛存在于金融领域,也广泛存在于实物投资领域。解决市场中不确定性的投资决策的选择权为实物期权,以金融契约设计加强目标企业内部管理的选择权为金融期权。创业中不仅具有实物期权,也具有金融期权。

一、实 物 期 权

实物期权有:延迟期权、阶段投资期权、改变经营规模期权、放弃期权、转换期权、增长期权以及多个交互期权、清算期权等。

(一)延迟期权

延迟期权赋予管理者可以推迟投资决策的权利,使得投资项目可以在最佳投资时机执行,它可看作一个买入期权,标的资产为投资项目的价值,履约价格是投资项目总成本,存续期是投资计划可以延迟等待的期间。延迟期权的一个重要特征是:投资机会不会马上消失,具有可推迟性。但推迟投资是有代价的,如即期现金流损失、被竞争对手占领了市场份额等,这些成本需要与推迟投资所可能带来的收益进行权衡比较。延迟期权对于所有以自然资源为基础的产业非常重要。

(二)阶段投资期权

阶段投资期权作为一系列费用创造了当市场消息不好时放弃整个项目的选择权。每一个阶段都可以看作今后各阶段价值的期权,也可以作为复合期权来进行评估。

　　阶段投资期权的特点是整个项目作为一个复合期权可以被分解成若干个子期权,这相当于复合期权的执行分为几个阶段,执行成本也不是一次性付出的。阶段投资期权适合于所有研发密集型项目(特别是医药行业)、长期开发的资本密集型项目(如大规模的建筑和能源工厂)。

　　(三) 改变经营规模期权

　　掌握改变经营规模齐全的企业可以在市场情况好于预期时扩大生产规模,或者加速资源利用;在市场情况变坏时,则可以缩减生产规模;在极端情况下,可以停止或者重启项目的执行。改变经营规模期权适用于自然资源相关产业(如采矿业)、循环工业中的设备规划和建设、时装行业、消费品行业以及商业房地产等。

　　(四) 放弃期权

　　放弃期权在市场相当不景气时,赋予企业管理者永久放弃现有投资的权利,在二手市场上卖出项目资本设备,收回部分价值。这种放弃投资退出的管理弹性,如同管理者手中持有一个美式卖出期权,标的资产是目前的投资项目,执行价格是处置资产的价值。在资本密集型产业(如航空、铁路)、金融服务、不确定环境中的新产品引入中,放弃期权是非常常见的。

　　(五) 转换期权

　　存在转换期权条件下,当价格或者需求发生变动,企业可以改变设备的产出组合,或者同样的产出可以使用不同的投入来实现。转换期权的标的资产是根据市场需求变化所选择的投入和产出,履约价格是选择投入或产出后,必须调整各项生产设备所付出的费用成本。

　　转换期权又可分为投入变动期权和产出变动期权。前者应用于小批量但需求变动较大的产品(如消费电子产品、玩具、特殊纸张、设备部件、汽车等)的生产。

　　(六) 增长期权(或扩张期权)

　　一项早期的投资(如研发项目、未开发的土地、战略并购、信息网络等)可能是一系列相互联系的项目的开始,能给企业带来未来的增长机会(如新产品、新市场等)。这种投资机会可以看作增长期权。增长期权相当于期权到期后标的资产价格低于履约价格,而将损失先前已支付的权利金。期权的价格是企业投入的资金,履约价格是扩张规模所必须再投入的成本,由于没有特定的履约日期,所以这是一个美式买入期权。增长期权存在于战略产业,特别是高技术企业、具有多代产品和应用的企业(如计算机、制药等)、跨国经营或战略并购等。

（七）多个交互期权

现实中的投资项目很多，通常包含若干不同的期权。增加项目价值的期权和防止项目价值损失的期权混合在一起，它们交互影响，导致项目的整个期权价值可能会不同于它们分散后的期权价值。

（八）清算期权

目标企业清算的期权也是有价值的。在 PE 投资中，PE 投资项目通常并不是要到企业破产才终止。决定一个项目终止往往是 PE 基金经理的权利，PE 基金经理根据目标企业管理层的努力程度及项目进行的好坏而进行决策。一旦项目无利可图，PE 基金经理就会为减少亏损而选择放弃项目。

经过数十年的发展，各类实物期权领域已经被广泛应用于自然资源、不动产、研究与开发、竞争与企业战略、企业价值评估等。

例如需要对一项软件投资进行评估。如果开发成功，这项新技术将使公司进入新市场，获取更多新的订单，也可以使公司的销售额、利润和现有规模扩大 30%。但是这项科研项目需要投资 400 万美元，为期 1 年。你是否应该支持这个项目呢？

决策者可以在金融市场上观察到以下数据：该公司目前的股票价格是 100 美元，总股份是 100 万股，这样该公司的市值就是 100×100 万＝1 亿美元。如果扩大 30% 的规模，就相当于公司的总市值由现在的 1 亿美元增加到了 1.3 亿美元，净增 3000 万美元，相当于 30 万股该公司的股票。因此，投资该项目就相当于购买了一个期权，这个期权（科研项目）使该公司有机会将其总市值增加 3000 万美元。所以是应该支持的。

二、金融期权

在 PE 基金经理向目标企业注入资本时，为加强内部管理，提升管理价值，所使用的金融工具多为可转换优先股（债券），以给予 PE 基金经理股份比例的重新分配权。而为了激励投资对象或骨干努力工作，则往往给予他们与业绩相联系的股票期权。

（一）可转换优先股（债券）

将赋予其投资者用现金或债券来购买普通股的选择权。大多数可转换优先股（债券）都附有赎回条款，即在某些情况下，出售可转换优先股（债券）的目标企业在特定的条件或时间下以固定价格赎回优先股（债券）。对于 PE 基金经理来说，可转换优先股（债券）是看涨期权；而对于投资对象来说，则是看跌期权。

（二）股票期权

PE 基金经理给予投资对象和企业骨干股票期权，以明确企业价值的期权作为他们补偿的一部分。如果目标企业变差，投资对象及其骨干可以不执行期权。若目标企业价格上升，则执行期权获利较大；同时如果持有人在实施期权后离开企业，也可以通过股权来分享公司的成果。

由以上分析可知，实物期权用于解决市场竞争中不确定性的投资决策，金融期权用于加强内部的管理，如图 10-1 所示。

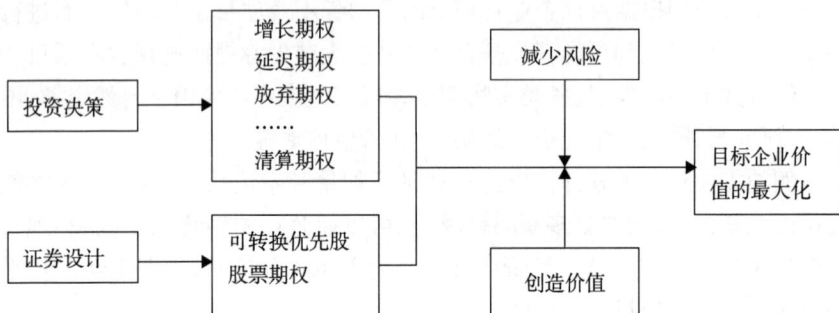

图 10-1　期权分析的系统框架

三、实物期权与金融期权的关系

期权的核心思想是确定投资机会的价值和最优投资决策时机。PE 基金经理不应简单地使用主观概率方法和效用函数，理性的资本家应寻求一种建立在市场基础上的使项目价值最大化的方法。根据这一思想，PE 基金经理可以采取灵活的投资——等待、放弃等多种方案，从而增加投资决策的柔性。

实物期权与金融期权又是相互影响的，二者有密切联系。一方面，实物期权中的延迟期权、放弃期权与清算期权可对管理团队形成激励与约束。另一方面，金融期权中的可转换优先股（债券）、股票期权通过对内部结构及员工能力的激励，间接增强了企业的竞争力等外部结构，减少了外部环境的不确定性，有助于实物期权的投资决策。二者的关系如图 10-2 所示。

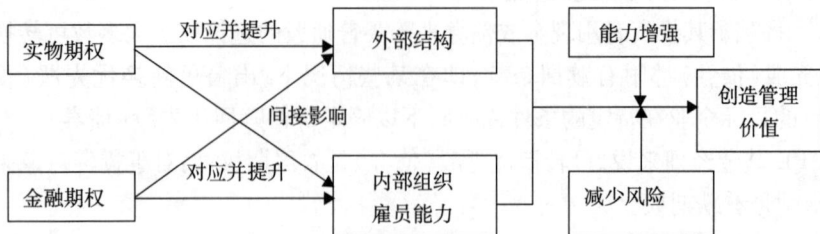

图 10-2　实物期权与金融期权的关系及其管理价值的提升

第三节　私募股权投资项目的实物期权应用研究

一、投资项目的实物期权应用

有一项目,其投资成本(即期权的执行价格 X)为 2000 万元,期初市场前景存在较大的不确定性,未来现金流估计较为困难。但投资一年后,由于市场环境逐步明朗,项目现金流只有如下两种情况:50%的情况下,每年产生 400 万元现金流;50%的情况下,每年不产生现金流。假设现在市场利率为 10%,项目持续经营,该项目值得投资吗?

设每年的现金流为 C,项目持续经营,则现值 $PV = \dfrac{C}{1+r} + \dfrac{C}{(1+r)^2} + ... = \dfrac{C}{r}$

先用净现值计算项目的投资价值。

现值 $PV = \dfrac{C}{r} \times 50\% + \dfrac{0}{r} \times 50\% = \dfrac{400}{0.1} \times 50\% + \dfrac{0}{0.1} \times 50\% = 2000$ 万元

因此,项目的净现值 NPV = 2000 - 2000 = 0 万元。

结论:该项目的净现值为 0,不值得投资。

如果投资人可以等待一年,当市场环境明朗后再投资,如果市场环境好,项目每年可以产生 400 万元现金流,则进行投资;如果情况相反,就不进行投资。换言之,对于这个项目,投资人拥有投资收益权和投资取消权。因此该项目的净现值为:

$ENPV = \left\{ 50\% \times \max\left[\dfrac{400}{0.1} - 2000, 0 \right] + 50\% \times \max\left[\dfrac{0}{0.1} - 2000, 0 \right] \right\} / (1 + 0.1) = 909.091$ 万元

因此项目投资价值为 909.091 万元,值得投资。

面对同样的项目,用两种方法计算,为什么会出现如此大的差距,以致得出相反的结论?

计算结果不同的原因在于净现值法没有考虑不确定性对项目价值的影响,而实物期权法考虑了不确定性的影响。NPV 法从静止的角度考虑问题,不但投资产生的现金流是确定的,管理者的行为也是僵硬的。如果市场条件比预期的差,可以用某种方式不投资并收回成本;同时他还认为投资是不可延缓的,如果现在不投资,以后就没有机会了。

　　而实物期权法着眼于描述实际投资中的真实情况,从动态的角度考虑问题,管理者不但要决策是否投资,而且还要在投资后进行项目管理,根据变化的情况趋利避害。也就是说,按照实物期权法,项目的价值不仅包括自身价值,还包含等待未来投资或者放弃投资权利的价值即期权价值。用公式表示如下:ENPV＝NPV＋C,其中 ENPV 为项目的真实价值,NPV 为项目的净现值,C 为项目的期权价值。

二、二项式期权定价的投资项目决策应用

　　我们知道,企业进行实物资产投资时,最基本的分析方法是净现值法。这要求先预报投资后各年的现金流序列 C_1、C_2...C_N,然后确定适当的资本机会成本,即折现率 r,计算该项目的现值 $PV = \sum_{i=1}^{N} \dfrac{C_i}{(1+r)^i}$。如果资本支出的现值为 X(为期权的执行价格),即投资项目的成本,那么该项目的净现值为:$NPV = -X + PV$。净现值准则告诉我们:若 $NPV > 0$,则该项目上马;若 $NPV \leqslant 0$,则该项目不上马。

　　我们现在提出一个投资项目,相当于创造了一个以项目资产为标的资产的看涨期权,执行价格为资本投入的现值 X,标的资产的价格是该项目的现值 PV,PV 具有不确定性。如果现在就决定该项目是上马还是不上马,相当于看涨期权的执行日就是现在,因此该看涨期权的价值为:$V_{CT} = \max\{0, PV - X\} = \max\{0, NPV\}$。但如果不必马上作出投资决策,而是在今后 T 年内再作出投资决策,那么该投资项目就相当于执行期为 T 年的美式看涨期权,这显然比现在就作出项目决策有更大的价值。

　　这个看涨期权的标的资产即项目资产是支付"红利"的,这里的"红利"就是项目上马后产生的现金流。该项目上马意味着提早得到现金流,但要投入资本 X;晚上马则意味着损失现金流,但可赢得投入资本 X 的利息。如果是好项目,晚上马会造成损失;如果是坏项目,晚上马或不上马会带来收益。权衡利弊得失,求出最优上马时间(或不上马)是管理者的任务。因为可以等待,管理者就有机会捕捉最有利的时机,增加收益,避免损失。

　　我们知道,无"红利"的美式看涨期权是不会提前执行的,有"红利"的也不会总是提前执行。但如果"红利"数额很大,会使其拥有者在"红利"支付前执行看涨期权。财务经理在投资决策时也会采取相同的行动:当投资项目的预报现金流充分大,他们会马上投资,抓住这些现金流;当预报的现金流比较小时,他们会倾向于继续保持其看涨期权,而不是马上投资,甚至 $NPV > 0$ 时也是如此。这说明,为什么经理们有时对 $NPV > 0$ 的项目也犹

豫不决,在 NPV 接近于 0 时,持有看涨期权会给企业增加最大的价值。

这里我们给出一个延迟期权的案例。

某 PE 投资项目,投资额为 115 万元,由于不确定性因素的存在,一年后,该项目产生的现金流可能为 170 万元或 65 万元,两者概率均为 0.5,无风险利率 8%,风险报酬率 17.5%,假设投资期不分股利。下面采用实物期权定价的二项式模型来进行投资决策。

(1)计算传统的 NPV 值。

$$NPV = \frac{E(C)}{1+k} - I_0 = \frac{0.5 \times 170 + 0.5 \times 65}{1 + 17.5\%} - 115 = -15 < 0$$

应该拒绝该项目。

(2)计算延迟期权价值。

投资项目期望现值 $V_t = \dfrac{0.5 \times 170 + 0.5 \times 65}{1 + 17.5\%} = 100$

因为这项目相当于一个看涨期权,当现金流上升并超过执行价 I 时,便执行,否则放弃。在第 0 年决策时,期望现金流为 100 万元,小于 $I_0 = 115$ 万元,故放弃并等待;一年后,若看好,现金流为 170 万元,则投资,到期收益为 uS = 170 − 115 × 1.08 = 45.8 万元,而变坏时,现金流为 65 万元,放弃投资,dS = 0。由期权定价理论可得:

$$p = \frac{1+r-d}{u-d} = \frac{1 + 0.08 - 0.65}{1.7 - 0.65} = 0.41$$

故项目的延迟期权价值为:

$$C = \frac{p \times uS + (1-p) \times dS}{1+r} = \frac{0.41 \times 45.8 + 0.59 \times 0}{1 + 0.08} = 18.78(万元)$$

(3)计算扩展的净现值 ENPV 值。

扩展的 NPV,ENPV = −15+18.78 = 3.78(万元)

项目 ENPV 值 3.78>0,故项目不能拒绝。它是有投资价值的,应该保留该项目的投资权,因为期末进行投资的净现值大于现在进行投资的净现值;或者应该以 18.78 万元的价值出让该项目的投资权。

第四节　通过创新变阵来提升企业的期权价值和绩效

本节讨论企业内部创业活动是如何运用创新变阵来提升期权的总价值和绩效的。

目前我国经济正在发生深刻的结构变革,一方面经济增长已经徘徊于7.5%左右,出口增长也大幅下滑;另一方面消费者的需求也正在发生根本性的转变,由重视性价比转向重视品质、品牌、品位和个性化,而技术变革的速度尤其是移动互联网等新技术变革的速度却没有丝毫的放慢。这使得中国企业经营环境比以往任何时候都更为复杂,竞争也变得空前激烈和难以掌控。全国工商联经济部发布的《2013 年中国民营企业 500 强调研分析报告》显示,民企 500 强的利润总额于 2008 年金融危机之后首次下降,企业亏损面扩大,首次出现税后净利润低于总税负的情况。

在这样的大环境下,许多中国企业将面临各种挑战和进退两难的困境。一方面,高增长时代形成的经验往往会主导企业的战略思维,使企业不敢或不能大胆抓住经济转型时期的机遇;另一方面,当企业下决心进行转型或创新时,面对多个战略方向或发展路径,又会变得无所适从,从而错过真正的创新机遇。

一、内部创业:活化组织的创新精神

面对这种深刻变革带来的挑战,企业需要进行创新"变阵",变阵的核心在于激发企业内部的创业活动,培养内部企业家精神,实现创新突破。

企业内部的创业,又称公司创业(Corporate Entrepreneurship),包括持续创新、组织复兴、战略更新和业务范围的重新定位四大类活动,这些活动又与一些具体的产品服务创新、业务流程创新、组织变革、兼并重组等具体项目联系在一起。

公司内部创业与个人和创业团队创业不同的是:个人和创业团队资源有限,但"船小好掉头";公司内部创业则资源充足。但是如果公司内部创业只有一个方向、一个项目,一旦创新方向选择错误或者创业团队不行,就可能给公司带来巨大损失,甚至让公司失去创新机遇,丧失竞争地位。同时,如果"多边下注",则又可能面临战线过长、资源不足、每个项目都得不到有效发展的困境。因此,为了在急剧变化而又充满机遇的市场上既不丧失创新机会,又能降低创新成本和创新风险,可以引入期权的概念,将公司多元化的创新活动看作提高未来期权价值的战略行为。

二、创 新 变 阵

期权是一种对未来的投资。购买期权的公司只要投入小部分资金与资源,就可以获得一种权力:在未来的某一个时点,以约定的条款,来追加或者放弃对某个产品的投资,从而降低现在投资或放弃某个产品的风险。可以

将公司内部的创业活动视为公司对未来创新方向和路径的期权。公司创业活动既可以是公司内部创建了一个实体或小组,专门用来开发新产品、新技术、新应用或新市场,也可以是进行对外战略联盟与并购。

利用期权的概念来管理公司内部的创新,就可以使企业抓住公司创业活动中向上的机会,限制向下的损失。如果公司同时进行多项创业活动,每一种活动都有不同的手段与目的,就可以构成创新期权的资产组合。通过未来增加投入、退出、并购等方式,灵活地调试这个创新组合,企业可以更好地应对未来的各种不确定性。例如,为了复兴雅虎,雅虎的新 CEO 梅耶(Mayer)在一年内启动了 19 个公司创业活动,包括会议电话、电子商务、移动应用、社交网络、多媒体等。从长远来说,这些组织学习和探索的活动会提高企业的生存能力和绩效,使组织适应新技术、新环境的变化。

通过期权的方式进行创新变阵,需要遵循以下方法。

首先,建立内部创业机制,激励内部员工尤其是边缘人物进行创业。同时,广泛搜寻可能的创业机会,建立非正式的创业项目池或创业平台(如沙龙、网络平台等)

其次,一旦有人愿意进行内部创业,公司可以根据一个简单标准对创业活动做一些小规模的投资或支持。例如给予创业者信息、场地设施、技术咨询、创业培训、少量启动资金等,也可以组织小规模的项目小组。这样,公司在看不清项目未来前景时,既获得了在未来继续投资的入场券,又不需要马上投入大量资源。例如三星、华为将安卓手机作为主战场,但也投资微软、Foxfire 小众平台的产品,甚至研发自己的手机平台与操作系统。

最后,随着时间的推移和产业环境的变化,企业要重新审视单个创业项目和项目组合的价值。不仅要重视创业项目的直接现金流,更要注重创新期权价值的增长性,即更多的风险投资机会。

创业风险投资公司对投资项目"里程碑"式的管理模式值得大型企业在创新变阵中认真学习。创业风险投资公司会根据特定市场为初创公司设定几个关键的里程碑。当这些初创企业达到某个里程碑时,风险投资公司才开始投入,然后继续观察;当达到下一个里程碑时,风险投资公司就会考虑继续投入;最后,当这些初创公司达到某个里程碑时,风险投资公司就会考虑收获并退出。公司内部创业活动也可以设定相应的里程碑:如果达到目标,就进一步投入,以获得新业务或组织重生的机会;如果市场或者环境形势发生变化,出现了不利于公司的情况,公司也可以放弃创新期权,退出、变现公司创业项目。放弃创新期权可能是创新变阵的关键,因为公司可以控制不利的风险,并快速转移资源。

为了提升创新期权的价值,公司还可以利用资源优势,创建多个创业项目,形成多个"变阵"的机会组合。管理人员可以监控不同项目的里程碑,寻找办法来影响那些决定期权价值和最终结果的核心变量。这样,公司创业活动就可以形成期权的组合,通过灵活地增加或降低投资,有选择地进行后续决策的分析。

三、变阵就是提升期权的总价值

把公司创业活动看作期权组合,体现了大中型企业相对于初创企业的优势。对于初创企业来说,创新风险可以看作是"零和游戏",即一旦项目失败,公司就可能消亡,因为多数初创企业没有足够的资源分散投资于多个创新项目。然而,大中型企业可以像专业的创业风险投资公司制定投资决策一样,创建一个内部创新项目投资组合,促进公司的战略创新,提升创新期权的组合价值。公司创业项目的总价值由三部分组成:一是公司所有创业项目的净现值,这个值可能是正的也可能是负的,取决于创业项目过去到现在的经营结果。二是公司所有创业项目的内在期权价值,主要取决于创业项目未来的发展空间和盈利预期。三是公司所有创业项目的协同效应价值。这个价值多数情况下为正,是一个可以通过项目监管者调控的变量,可以将两个相关的项目进行组合或资源、成果分享。例如,360公司在安全卫士成功的基础上,不断在公司内部进行各种创业项目,形成360杀毒、手机卫士、手机助手、浏览器、搜索等多个项目,形成多项目创新的协同效应,从而使公司创业总价值大于单个项目之和。

创业项目之间的协同效应不仅体现在相关业务的创新上,还体现在多元化业务的创新上,甚至还会体现在产品创新与公司组织或流程创新的协同效应上。例如,小米在主营手机的同时,在2012年年底收购"多看","多看"研发过一款"多看阅读"的中文电子书操作系统,收购后不久,小米就利用"多看"的团队开发出了"小米盒子",进军智能电视系统。显然,"小米盒子"是一个公司内部创业项目,但它又与小米的其他项目(如"米聊"、"米联")形成组合、形成协同。小米这一案例包含了组织创新和业务创新的协同效应。

四、通过创新变阵来提高企业绩效

通过期权组合变化的方法来进行创新变阵,企业是否可能在短期内乱了阵脚? 有这个可能性。但创新期权强调的是在不确定性环境下的长期价值,企业所面临的环境不确定性越高,遵循期权组合进行创新变阵的增长潜力也越高。

从创业项目期权组合对创新的影响上看,并不是每一个公司创业项目都会带来创新,但多个创业项目的组合可以形成互补的创新协同效应,在组织内部形成"你追我赶"的创业文化,使业务层面激发出新的适应能力和转型能力。其内在机制是:(1)公司的创业项目能够协同公司的其他项目,共享创新网络或价值链;(2)各种创业项目可以提供互补的创新资源;(3)公司的各创业项目可以搭建平台,促进建立相近的标准或基础设施;(4)公司创业项目为内部学习提供了动力;(5)一项公司创业项目的成功可以降低公司其他创业项目的失败风险。

从投资回报看,企业通过不同的职能和流程来积累公司创业项目,以调动不同的能力,加速创新资源的协同,从而提升投资回报。从短期来看,它们对于企业的价值可能并不很清楚。然而,当它们被执行后,企业将会对这些创业项目的最终价值拥有更准确的预期。

例如,联想在2002年开始其手机业务,此业务在制造流程、出货速度、价值链管理、营销定位等方面都与联想传统的电脑业务大相径庭。因而在初始阶段,业务绩效平平。2008年联想以1亿美元的价格把手机业务卖给了私募投资者。但在柳传志的力保下,又在2009年以2亿美元的价格购回了这项业务。四年过后,联想的家庭移动网络部门的收入年增长105%,售出的手机比电脑还要多。到今天,联想在智能手机上创新"变阵"的协同效应才体现出来。

总之,从长期来看,公司多项目创业活动增大项目差异性,如果处理得当,就会产生更大的协同效应,能够产生高于一般创新回报的竞争优势。而企业所处的经营环境越是不确定,创新期权组合的优势就越大,企业进行创新变阵就越有必要。

五、公司内部创业的经验

中国的很多公司已经开始尝试开展多种内部创业活动,总结他们的一些经验。

第一,内部创业应注重长期效果,而非短期绩效。因为创业活动往往产生非直接、非预期的结果,这是最初无法预料的。例如人人网的陈一舟感悟到:"投入要坚决。上市公司上新项目,其实非常难,要顶得住盈利上的压力。贝佐斯说过,要成功,必须能忍受长时间不被市场看好。这点上,我们做得远不够彻底。寂寞倒也寂寞,但显然寂寞的还不够。"

第二,内部创业应该有人才、业务架构上的储备,为"变阵"打下基础。陈一舟提出:"能否抓住新业务的机遇,要提前做思想上的准备。我们在

2007 年,就在琢磨社交商务、社交游戏及其他能借助社交腾飞的商业机会。要打兔子,必须第一个等着,枪上膛,兔子刚露出耳朵上的毛,就开枪。另外,必须有合适的带头人。糯米这件事,我们运气好,找到了沈博阳。我们从谷歌挖他过来时,还没想到做糯米。他原来管几个人,现在管 2000 人,进步非常快。2011 年人人上市后,我找过柳传志,请教他如何做新业务。他说必须先找到合适的业务带头人。他说得太对了。"

第三,要在公司建立适当的内部程序,孵化创业项目。例如专做空气源热泵生产销售的芬尼克兹就在公司内部倡导裂变式创业,开展"如果我是总经理"等竞赛活动。

第四,内部创业有内部协同的优势,但也可能有分歧与挖角,这就需要避开内部创业的雷区。前风车网 CEO 陈晓峰自述:"公司内部创业,内部合作是关键,也是最难的地方。当老板把这个项目和团队成员介绍给各个平行团队负责人时,这些负责人通常都会挖心掏肺地表达:'欢迎过来一起抢占互联网的制高点,咱兄弟部门砸锅卖铁也要支持你们。'其实,这个话不是说给你的,是说给老板听的。等到具体合作的阶段,他们又往往会这样表述:'这个事情不是我们的 KPI(关键绩效指标)'、'你们需要提前准备全年的计划,其中和我们相关的,需要老板审批'、'我们产品也想支持,不过人手不够'、'我们支持没有问题,但是需要和项目经理商量排期,并且和产品确认需求'。所以,在许多公司都是高管直接抓创新项目的前期孵化和资源的协调。如果不行,可以一开始就把这些资源沟通好:系统和技术层面需要哪些支持、广告资源每个季度提供多少等价位、BD 需要做好哪些支持。开始就小人到底,然后才能和气共事。"陈晓峰认为,要协调好资源,获得公司的长期投入,项目公司的经理还要与 CEO 做好积极的沟通。

在发挥内部的协同作用时,还要注意技术的共享。例如,蒋炜航在网易内部创建"有道云"时,就充分利用了他原来做搜索时积累的大数据技术,用大数据技术做出了各种功能上的亮点,比如支持多达 20 个历史版本、智能标签等。

第五,母公司要为创业项目充分放权。例如,百度以 1.6 亿美金战略投资人人公司旗下的糯米网,占股 59%。陈一舟认为:"和百度合作,调动更多更大的资源来做糯米,让糯米更独立,保持创业公司的基因,糯米会比我们自己做的未来价值大 100 倍。"分拆上市或者转卖是许多母公司进一步行使期权,让创业项目价值最大化的方式。给项目公司充分放权,甚至最终独立,是"变阵"的运营之道。

第十一章 私募股权投资项目复合实物期权二项式定价及应用研究

第一节 私募股权投资项目的复合实物期权关联性分析

一、关联性定义

对于标准的金融期权而言,其价值大小完全取决于执行价格和标的股票价格的差值。标的资产的价值不受期权执行情况的影响,而且先到期的期权执行情况对后续期权的价值没有影响,期权是独立的,不存在与其他期权的关联性。金融期权的价值具有可加性,从投资者角度来讲,拥有一份买权和一份卖权的价值等于单独存在的一份买权和一份卖权的价值之和。而实物期权却不然,项目实物期权的标的实物资产都相同,同为项目的价值,拥有标的实物资产是拥有实物期权的前提条件,实物期权的执行会影响标的资产以及标的资产的价值项目包含的实物期权之间存在先后关联性。由于标的资产的唯一性,它们之间相互作用,一个期权的执行往往会影响另一个期权的价值。项目所包含的期权价值一般并不等于单个期权的价值简单求和,而与期权之间关联性的程度和方向有关。

前文已经介绍,PE 投资项目中实物期权分为等待或延迟期权、增长期权、放弃期权、清算期权等。由于 PE 投资项目是分阶段投资,每个阶段都对应一个投资决策点,在每一个决策点,PE 基金经理可以根据前面 PE 投资项目的实施结果和获得的信息,对后续投资作出决策。从实物期权的角度来看,一个 PE 投资项目可以看作由多个具有关联作用的实物期权组合而成的复合期权。这样,前一个实物期权的标的资产,为项目本身的现金流价值加上所有后续实物期权的期权溢值。根据实物期权之间的关联程度,这种关联性可以分为"时间关联"和"因果关联"。所谓"时间关联"是指项目实物期权之间的一般作用关系,这些期权标的资产同为项目价值而到期日不同。所谓"因果关联"是指一个期权以另一个期权的存在为自身存在的条件,只有执行前一个期权,才可能拥有后一个期权。

二、关联性方向

为了后面叙述的方便,我们把先到期的实物期权叫做居前期权,后到期的期权叫做居后期权。影响居前期权和居后期权间的关键因素有:(1)期权的性质,二者同为买权或同为卖权,抑或一个买权和一个卖权;(2)期权的到期时间;(3)期权的价值状态,是实值期权还是虚值期权;(4)期权的执行顺序。

关联性方向可归纳为以下两种情况。

首先,居后期权对居前期权的影响。项目居前期权的标的资产 V_1 价值为居前期权到期之日整个项目价值 V 与所有居后期权的价值之和,而单独定价时的标的资产价值仅为项目价值 V。由于期权的价值总是非负的,期权的存在增加了项目的价值;同理,居后期权的存在,增加了居前期权的标的资产的价值(假定执行居后期权),即 $V_1>V$。相对于每一个期权单独定价而言,如果居前期权为卖权,那么居后期权的存在将减少居前期权的价值 $[$卖权的价值为 $\max(X-V_1,0),X]$,X 为执行价格。反之,居前期权为买权,那么居后期权的存在使它的价值增加$[$买权的价值为 $\max(V_1-X,0),X]$,X 为执行价格。

其次,居前期权对居后期权的影响。如果居前期权为买权(如扩展期权),则居前期权的执行将增加居后期权标的资产的价值;如果居后期权为买权,这意味着其价值增加。反之,居后期权为卖权,则其价值将减少。如果居前期权为卖权(如收缩期权),则居前期权的执行将减少居后期权的标的资产价值;如果居后期权为买权,则其价值见减少。反之,居后期权为卖权,其价值将增加。考虑一种极端的情况,一个项目组合实物期权由放弃期权(居前期权)和收缩期权(也可是扩张期权等居后期权)组成,居前期权一旦执行,标的资产不复存在,这样居后期权就变得毫无价值。

以上分析了项目内实物期权之间的直接关联性,我们还可以进一步分析期权之间存在间接关联性。考虑两个买权,居后期权的存在增加了居前买权的价值。反过来,居前期权的执行将会增加项目的价值,从而居后买权的价值将增加,这是项目实物期权之间的直接关联性的表现。居后买权价值增加后又会进一步增加居前买权的价值,这样不断循环下去,可见项目实物期权之间的作用非常复杂。

可见,前后两个实物期权之间关联性的方向和期权的性质有关。

三、关联性大小

项目实物期权之间的关联性不仅与方向有关,且它们之间的关联程度与二者联合执行的概率有关。设居前期权(记作 F)与居后期权(记作 L)联合执行概率为 $P(_{LF})$。如果居前期权和居后期权的性质相反(一个卖权和一个买权),由于此时前后期权之间的关联性作用方向相反,则居前期权一旦执行,居后期权执行的可能性 $P(_{LF})$ 比它单独存在时执行的可能性要小,从而它们之间相互关联的程度就低。如果二者的性质相同(如一对卖权或者一对买权),那么二者联合执行的可能性 $P(_{LF})$ 就大,二者相互关联的程度也就大。

在分析项目的灵活性价值时,首先必须确认项目所包含的实物期权。对于每个期权,我们必须进一步确认期权的性质类型和相应的参数——项目价值波动率、无风险利率、到期时间、项目价值现值、投资额现值。

第二节　私募股权投资项目的复合实物期权关联性应用研究

由于项目包含的期权之间存在关联作用,而且这种关联作用的方向和大小与期权的性质相关,项目包含的实物期权的价值并不等于各个期权单独定价时的价值简单求和。所以必须对不同的期权同时进行定价,这样才能准确地求解项目包含的期权价值。下面以 R&D 项目投资为例,应用二项式期权定价方法来说明多个实物期权的组合定价过程以及期权之间的相互作用。

一个 R&D 项目,一般要经历研究开发阶段(研究初始阶段、原型开发和测试阶段)和商业化阶段(厂房建设和市场营销阶段)。R&D 项目投资以及研发结果商业化投资应该采取分段规划和决策的策略,R&D 项目可以看作一个包含一系列期权的期权链,每个期权赋予投资者购买后续期权的权利,阶段投资末端的标的资产才是该期权链的中心目标,每个期权的执行与否都是根据该目标做出判断的。

研发阶段最大的不确定性是技术的不确定性。在研发的过程中,技术的不确定性随着研究的深入逐渐解决,这样每一个投资阶段都会包含一个学习型期权。当技术难题解决之后,进一步投资进行产品原型开发和创新设计,继续投资进入测试阶段。每一个研发步骤中,都包含一个退出期权。研发阶段还包含了增长期权,因为它为企业创造了有价值的投资机会。研发成功后,管理者获得了该技术的知识产权(或专利),进入研发商业化阶段,进一步投资使成果市场化。如果与技术产品相关的诸如替代品的竞争和竞争者的反应等因素不确定时,可以推迟市场化投资,直到这些不确定因素解决为止。管理者如果观察到该技术产品市场前景很好,可以决定进入市场化阶段(延迟投资期权);如果技术产品的市场前景不很乐观,公司决策者可以放弃该项目,但是可以把技术专利出卖以减少损失(退出期权)。商业化阶段的决策还包括投资后调整生产规模(收缩期权、扩张期权),有时甚至放弃已建成的项目(放弃期权)。这样项目的灵活性、可调整性中包含的期权相互作用,增强了项目本身的生命力,降低了前期投资的风险。

一、因果关联案例

一个研发商业化项目包含一个买权(看涨期权)和一个卖权(看跌期权)。

一家石油科技公司已经研发成功一种耐腐蚀油田专用离心泵,并获得国家专利,公司准备投资建立一家工厂 K 来生产这种泵。设这个项目市场价值是随机变化的,且与原油的价格呈完全正相关。设原油价格服从一个二期的二项式过程,上涨因子 $u = 1.3$,下跌因子 $d = 0.77$。假如项目初始价值为 100 万元,投资决策是要么立即投资要么永远不投资,如果不投资则可以卖掉专利获得收入 100 万元。假设投资后,工厂立刻开始运营。建厂后如果市场看好,则在 $t = 1$ 时刻通过增加开支 50 万元,扩大工厂规模,工厂市场价值将增加60%,此时等同于拥有一个扩张期权(买权)。如果 $t = 1$ 时刻,公司执行扩张期权,市场一旦比预期的情况要糟糕,那么在 $t = 2$ 时刻,公司可以把工厂连同专利一起卖掉,这时公司相当于拥有一个卖权(放弃期权),假设执行价格为 100 万元,且与原油不相关。可以看出这两个期权为因果关联关系。设无风险利率为6%。

下面来求解这个项目所包含的实物期权的价值。

根据二项式期权定价公式,风险中性概率 p 和 $1 - p$ 分别为:

$$p = \frac{1 + r_f - d}{u - d} = \frac{1 + 0.06 - 0.77}{1.30 - 0.77} = 0.55 \qquad 1 - p = 0.45$$

项目价值状态如图 11-1 所示(方框内数字)。在应用二项式期权定价法逆向推导来计算项目的期权价值之前,必须做如下修正:

首先,假设在 $t = 1$ 时刻公司决定扩大生产规模(执行买权),那么在 $t = 2$ 时刻产生了一个放弃期权(卖权)(如图 11-1)。

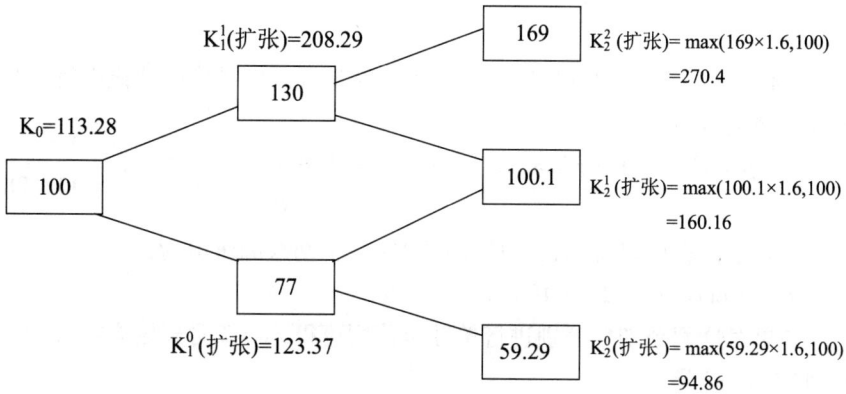

图 11-1　项目价值状态树图

从图 11-1 可知：

$K_2^2(扩张) = \max(169 \times 1.6, 100) = 270.4$

$K_2^1(扩张) = \max(100.1 \times 1.6, 100) = 160.16$

$K_2^0(扩张) = \max(59.29 \times 1.6, 100) = 94.86$

从以上可以看出，只要在原油价值连续两次下跌后才会执行放弃期权。利用风险中性概率可知，t=1 时刻执行扩张期权后项目价值为：

$$K_1^1(扩张) = \frac{p \times K_2^2(扩张) + (1-p) \times K_2^1(扩张)}{1 + r_f}$$

$$= \frac{0.55 \times 270.4 + 0.45 \times 160.16}{1.06}$$

$$= 208.29 \quad K_1^0(扩张) = \frac{p \times K_2^1(扩张) + (1-p) \times K_2^0(扩张)}{1 + r_f}$$

$$= \frac{0.55 \times 160.16 + 0.45 \times 94.86}{1.06} = 123.37$$

假设在 t=1 时刻没有执行扩张期权，那么放弃期权也就不复存在。所以这时项目的价值等于它的市场价值：

$K_1^1(不扩张) = 130$

$K_1^0(不扩张) = 70$

最后，可以很容易地计算出项目在 $t=1$ 时刻的价值（是否执行扩张期权）：

$K_1^1 = \max[K_1^1(扩张) - 50, K_1^1(不扩张)] = \max[(208.29 - 50), 130] = 158.29$

$K_1^0 = \max[K_1^0(扩张) - 50, K_1^0(不扩张)] = \max[(123.37 - 50), 70] = 73.37$

这样,在 $t = 1$ 时刻执行扩张期权是最优决策。由风险中性概率得项目的价值期望值为:

$$K_0 = \frac{p \times K_1^1 + (1 - p) \times K_1^0}{1 + r_f} = \frac{0.55 \times 158.29 + 0.45 \times 73.37}{1.06} = 113.28$$

从以上计算可以得到这个项目包含的两个期权的价值为:

$OP_1 = \max(113.28 - 100, 0) = 13.28$

如果对这两个期权分别进行单独定价则可得,$t = 2$ 时刻放弃期权的价值,如图 11-2 所示。

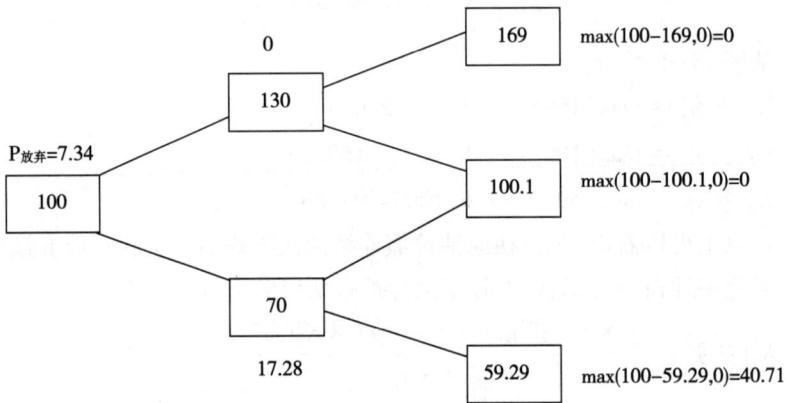

图 11-2　在 $t = 2$ 时刻,放弃期权单独定价

$$P_{放弃} = \frac{0 \times 0.55 + 17.28 \times 0.45}{1.06} = 7.34$$

在 $t = 1$ 时刻,扩张期权的价值如图 11-3 所示,其值为:

$$C_{扩张} = \frac{0.55 \times 28.11 + 0.45 \times 0}{1.06} = 14.59$$

从上面的计算可以看出,卖权和买权单独定价时求得的期权价值之和大于卖权和买权的组合价值之和,即 $P_{放弃} + C_{扩张} = 7.34 + 14.59 = 21.93 > 13.28$,说明卖权和买权的关联作用方向相反。

二、时间、因果复合案例分析

一个项目包含一个买权和两个卖权(时间复合+因果复合),如下:

$L_1^1(扩张) = K_1^1(扩张) = 208.29, L_1^0(扩张) = K_1^0(扩张) = 123.37$

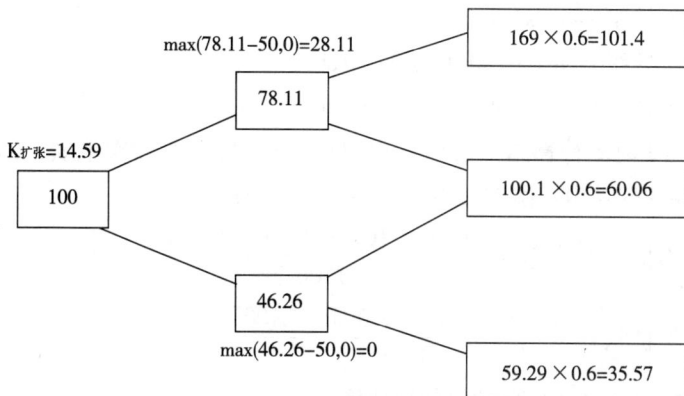

图 11-3　*t*=1 时刻，扩张期权单独定价

设 *t*=1 时刻不管有没有执行扩张期权，每一个阶段初期，公司都拥有一个放弃期权，即公司以固定价格 100 万元出售工厂和专利。其他条件同前面的因果关联案例。这样本案例的决策树图与前一个案例的决策树图的唯一差别就是在 *t*=1 时刻，公司拥有两个选择权，即一个扩张期权和一个放弃期权。此时把项目称作 L，如果公司在 *t*=1 时刻执行扩张期权时，结果和前面的因果关联案例完全相同，如下：

当 *t*=1 时刻不执行扩张期权时，此时还存在一个放弃期权需要重新计算，价值状态如图 11-4 所示。

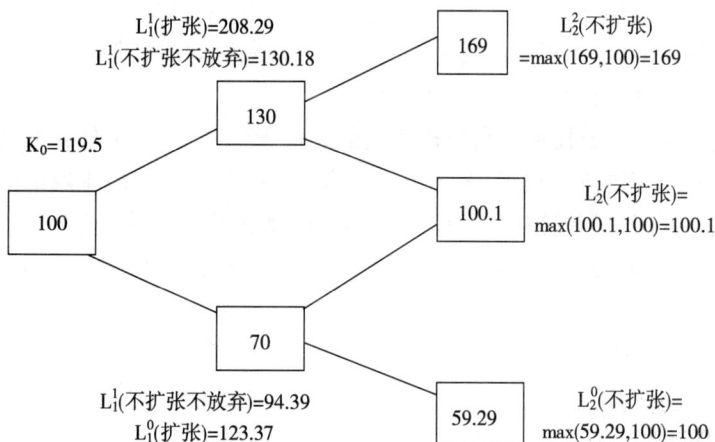

图 11-4　*t*=1 时刻，不执行扩张期权时的价值状态树图

在 $t=2$ 时刻,有:

$L_2^2(不扩张) = \max(169,100) = 169$

$L_2^1(不扩张) = \max(100.1,100) = 100.1$

$L_2^0(不扩张) = \max(59.29,100) = 100$

由 t=2 时刻计算结果可以看出,只要原油价格有一次下跌,公司就会执行放弃期权。由风险中性概率得,$t=1$ 时刻:

$$L_1^1(不扩张不放弃) = \frac{0.55 \times 169 + 0.45 \times 100.1}{1.06} = 130.18$$

$$L_1^0(不扩张) = \frac{0.55 \times 100.1 + 0.45 \times 100}{1.06} = 94.39$$

这样,在 $t=0$ 时刻,项目的价值为:

$$L_0 = [0.55 \times_{\max}(208.29 - 50, 130.18) + 0.45 \times_{\max}(123.37 - 50, 94.39)]/1.06 = 122.2028 \, 万元$$

此时投资项目实物期权的组合价值为:122.2028-100=22.2028 万元。

从以上两个案例的计算我们可以看出,$t=1$ 时刻增加一个放弃期权时,项目灵活性价值增加 22.2028-13.28=8.92028 万元。这是因为在 $t=1$ 时刻不执行扩张期权时,此时放弃期权可以防止投资项目出现负的收入。这样,扩张期权和放弃期权相互作用,执行扩张期权可以增加项目的收入,而放弃期权可以防止项目出现负的收入。

由于不确定性的存在,投资项目的期权决策分析方法与投资项目的净现值决策分析方法有很大的不同。公司管理决策人员应抓住一起投资的机会,积极主动地采取各种管理措施,如增加项目价值、降低成本、不断改变项目的价值成本比等。PE 投资项目的期权决策方法为项目管理者在制定管理策略时提供了有力的决策分析工具。

成长基金主要投资于高速扩张期的企业投资项目,在国外有时也称为扩张资本。与国外不同的是,成长基金是中国 PE 业当前最主要的投资商务模式。据清科创投披露,2012 年中国 PE 及创投新募基金金额数为 346 亿美元,其中成长基金占到 53%,可见成长基金(扩张资本)在中国 PE 投资中的重要性。

第十二章 私募股权投资项目的期权定价坐标图与市场进入策略研究

第一节 投资项目决策实物期权坐标图的构建

一、投资机会与买入期权的对应关系

现金流贴现法在实物项目投资决策中一直是相当重要的方法,这一评价方法对投资机会的价值评估的假设是要么现在就投资,要么永远放弃投资。然而在项目投资实务中,投资者对某些项目投资机会具有独占性和排他性,而且在投资时机上具有灵活性。麻省理工学院 Ross 教授指出:对于风险投资项目的投资机会可以看成一种期权——实物期权。期权是有价值的,现金流贴现法忽略了这部分价值,往往低估了投资机会的价值。投资机会一般不会立即上马,投资者可以在投资机会消失之前的任何时刻做出投资决策,也可以放弃这个投资机会。这样投资机会可以看作一个买入期权,即投资机会对投资者来说是一项权利,而不是义务,投资机会与买入期权的对应关系如表 12-1 所示。

表 12-1 投资机会与买入期权的对应关系

投资机会	变量	买入期权
投资项目资产价值	S	标的股票价格
项目的资本支出	X	执行价格
投资决策可以延迟的时间	t	到期时间
资金的时间价值	r_f	无风险利率
项目资产价值的波动性	σ	股票收益率的标准差

投资决策的时间选择性价值包含两方面:第一,对于任何一个投资者来说,在其他条件不变的情况下,他更愿意推迟投资时间,因为他可以获得资本支出的时间价值;第二,由于投资项目价值具有不确定性,投资者推迟投资决策,可以获得更多的信息。这样,当项目价值下降时,可以放弃投资,避

免不必要的损失;当投资项目价值上升,就实施投资,而传统的净现值法忽略了这两部分价值。

本章针对企业同时面临多个项目投资机会,在资源有限的情况下,为达到有效配置企业资源实现效益最大化,引入一种多项目动态投资决策方法。

二、投资项目决策的实物期权坐标图

由于一个投资机会可以看做一个欧式买入期权,这样我们可以利用金融期权的定价方法来对实物期权进行定价。Black-Scholes 的期权定价公式如下:

$$C = SN(d_1) - Xe^{-rt}N(d_2) \tag{1}$$

(1)式中, $d_1 = \dfrac{\ln(S/X) + (r + \sigma^2/2)t}{\sigma\sqrt{t}}, d_2 = d_1 - \sigma\sqrt{t}$

对(1)式两边除以 S,得: $\dfrac{C}{S} = N(d_1) - \dfrac{Xe^{-rt}}{S}N(d_2)$

$$d_1 = \frac{\ln(\frac{S}{Xe^{-rt}}) + \sigma^2 t/2}{\sigma\sqrt{t}}, \qquad d_2 = d_1 - \sigma\sqrt{t} = \frac{\ln(\frac{S}{Xe^{-rt}}) - \sigma^2 t/2}{\sigma\sqrt{t}}$$

相应地,对 d_1, d_2 可以做如下变形:

定义 $NPV_q = \dfrac{S}{X \text{现值}} = \dfrac{S}{Xe^{-rt}}$,则 $\dfrac{X \text{现值}}{S} = \dfrac{Xe^{-rt}}{S} = \dfrac{1}{NPV_q}$ 。

从而 Black-Scholes 的期权定价公式可以表示为: $\dfrac{C}{S} = N(d_1) - \dfrac{1}{NPV_q}N(d_2)$ 。式中, $d_1 = \dfrac{\ln(NPV_q) + (\sigma\sqrt{t})^2/2}{\sigma\sqrt{t}}, d_2 = \dfrac{\ln(NPV_q) - (\sigma\sqrt{t})^2/2}{\sigma\sqrt{t}}$ 。

这样可以用两个参数——NPV_q 和 $\sigma\sqrt{t}$ 来度量买入期权的价值,这两个参数包含了欧式买入期权 Black-Scholes 期权定价公式的所有信息。从 NPV_q 的定义可知, NPV_q 不但包含了传统的净现值 NPV 方法的一切信息(这里传统的净现值定义为 $NPV = S - X$),而且包含了由于延迟投资带来的项目资本支出的时间价值信息。NPV_q 本质上是一个价值成本比,而这个成本是针对项目资产而言,不是期权的价值与成本。$\sigma\sqrt{t}$ 度量了投资延迟期内,投资项目资产价值的变化程度,我们把它称作累积标准差,这里 $\sigma\sqrt{t}$ 定义为单位时间内项目资产价值波动的瞬时标准差。如果用 NPV_q 表示横坐标, $\sigma\sqrt{t}$ 表示纵坐标,这样就可以得到一个期权矩阵图,如图

12-1 所示。

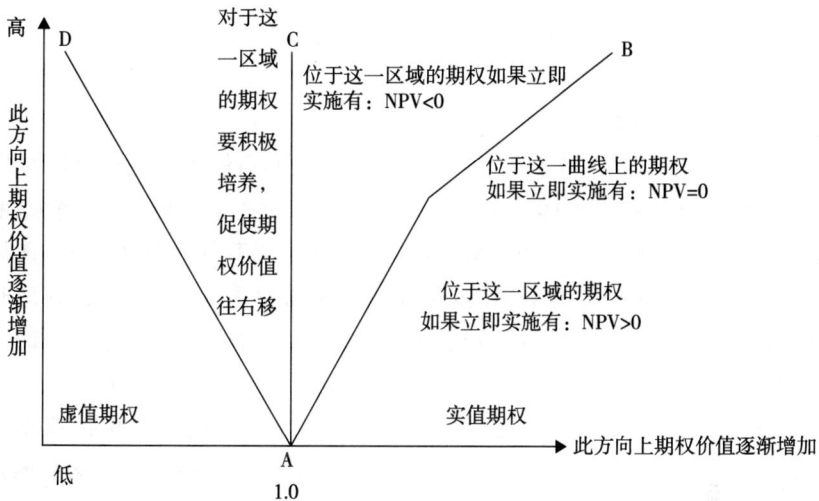

图 12-1 期权坐标分析图

任何一个买入期权都可以在期权矩阵图上标出来,也就是坐标平面上任意一点对应一个买入期权。从图 12-1 上可看出,越靠近右上角,对应的期权价值越大。相应地,我们可以设计一个欧式买入期权价值表,对应每一个有序实数对 NPV_q 和 $\sigma\sqrt{t}$ 描述的欧式买入期权,可以在期权价值表上查出对应的欧式买入期权的价值,但要注意此时的期权价值表示为项目资产价值的百分比形式。

第二节 实物期权坐标分析图的改进及应用分析

一、实物期权坐标分析图的改进

实物期权定价法并不能完全代替净现值法,它只是净现值法的一种补充。实物期权定价法弥补了传统净现值法的不足,这有助于提供项目价值评估的准确性,加强对投资项目的管理。下面结合净现值法和实物期权定价法来对上一节提及的期权坐标图进行改进。

假设 r_f 和 σ 不变,在实物期权坐标分析图(图 12-1)上,我们可以找到这样的期权集合——如果立即实施期权使得净现值 NPV = 0 的集合。但是这些期权具有不同的到期时间,即对应的项目可以延迟的时间不同。我们

可以把这些期权求解出来,可以证明它们位于一条曲线上。证明如下:

因为 NPV = 0,所以

$$NPV_q = \frac{S}{X\text{现值}} = \frac{S}{Xe^{-r_f t}} = \frac{1}{e^{-r_f t}} = e^{r_f t} = e^{r_f(\sqrt{t})^2} \qquad (2)$$

并且 t=0,$NPV_q = 1$。

这样,在实物期权坐标图上,可以得到一条向右倾斜的曲线 AB,如图 12-1 所示。AB 和横坐标的交点为 $NPV_q = 1$。由(2)式可知,r_f 越大,曲线 AB 向右弯曲越厉害。因为对于同一个期权,当其他条件不变时,无风险利率越大,则项目资本支出的现值越小,从而价值成本比越大,即期权的价值越大。特别地,当 $r_f = 0$ 时,这条曲线为一条通过 $NPV_q = 1$ 的直线 AC。

当其他条件不变时,随着期权到期时间的临近,期权的价值成本比 NPV_q 越来越小,累积标准差 $\sigma\sqrt{t}$ 也越来越小,所以位于期权坐标图的期权有向左上角移动的趋势。当 $r_f = 0$ 时,延迟投资的价值来自投资项目现金流的波动性,这时对应的期权价值随着到期时间的临近,垂直向上移动,期权价值越来越小。

我们用一条过 $NPV_q = 1$ 这点的直线 AC 把期权坐标图分成左右两个部分。位于直线 AC 右边的期权为实值期权,因为这些期权的价值为 $\max(0, S - Xe^{-r_f t}) = S - Xe^{-r_f t} > 0$。如果项目资产价值 S 大于资本支出 X 时,这些项目即使立即实施也有净现值 NPV>0,但是由于 $NPV_q > 1$,如果投资机会不会马上消失,那么等待是有价值的。当投资项目价值下降的速度大于无风险利率时,则应该立即执行,这些期权位于曲线 AB 的右边。当项目资产价值 S 小于资本支出 X 时,这些期权如果立即实施,则有净现值 NPV<0,由于这些期权的 $NPV_q > 1$,对于这些期权应该等待。当期权价值上升到 X 时,再看实际情况实施期权,这些期权位于曲线 AB 和 AC 之间。

位于直线 AC 左半部的期权的价值成本比 $NPV_q < 1$,这些期权的价值为 $\max(0, S - Xe^{-r_f t}) = 0$,所以这些期权为虚值期权。如果项目不能延迟投资就应该放弃。我们用一条直线 AD 把那些可以延迟的期权分为两个部分,位于直线 AC 和 AD 之间的期权有比较大的累积方差,随着时间的推移,这些项目有可能成长为实值期权,应该积极管理。而位于 AD 左边的期权累积方差很小,项目实施的可能性很小。

这样可以把期权坐标图分成六个不同的区域:a、b、c、d、e、f,对于每一个区域的期权相应采取不同的实施策略,如图 12-2 所示。

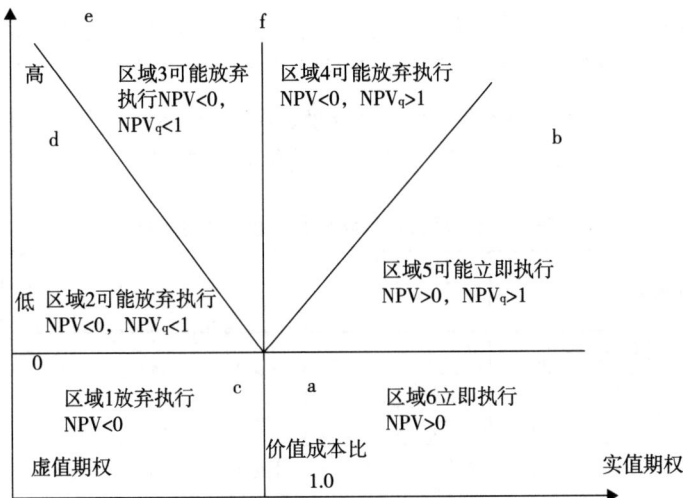

图 12-2　实物期权坐标分析图的改进

二、实物期权坐标分析图改进的案例研究

一个投资公司现有 a—f 六个互不相关的投资项目,如表 12-2 所示。

表 12-2 公司投资项目决策表

单位:万元

投资项目		a	b	c	d	e	f	投资组合价值
S	标的资产价值	1000	1000	1000	1000	1000	1000	
X	执行价格	800	800	1200	1200	1200	1200	
T	到期时间/年	0	2	0	1	2	3	
σ	标准差	0.35	0.35	0.35	0.3	0.35	0.5	
r_f	无风险利率	0.05	0.05	0.05	0.05	0.05	0.05	
NPV_q	价值成本比	1.250	1.381	0.833	0.876	0.921	0.968	
$\sigma\sqrt{t}$	累积标准差	0.000	0.495	0.000	0.300	0.495	0.866	
C_t	买入期权价值	1000	752.32	0	335.34	444.48	503.59	

从表 12-2 中可知,每个项目资产价值均为 1000 万元,项目 a 和 b 需要投资 800 万元,其余四个项目分别需要投资 1200 万元。容易算出,项目 a 和 b 有正的净现值 NPV = 200 万元,而其他四个项目的净现值 NPV = −200

万元。这样,根据传统的净现值方法,公司只对 a、b 投资,而放弃其他四个项目。但是由于六个项目并不都是要求立即投资,而且延迟投资的时间各不相同,项目价值的未来波动情况各不相同,因而它们的价值成本比 $NPVq$ 和累积标准差 $\sigma\sqrt{t}$ 各不相同,即在期权坐标图的位置各不相同。从表 12-2 可得六个项目计算结果在期权分析图中的位置见表 12-3。

表 12-3　六个项目计算结果在期权分析图中的位置

投资项目		a	b	c	d	e	f	投资组合价值
S-X	传统的净现值	200	200	−200	−200	−200	−200	3035.73
区域		6	5	1	2	3	4	400
项目实施策略		立即执行	可能立即执行	放弃执行	可能放弃执行	可能放弃执行	可能放弃执行	

　　项目投资实施策略分析如下:项目 a 位于区域 6,项目 c 位于区域 1。由于这两个项目都必须立即投资,两个项目价值累积标准差为 0。项目 a 的净现值大于 0,立即实施项目投资;而项目 c 的净现值小于 0,所以放弃项目 c。项目 b 的净现值大于 0,项目价值成本比大于 1,因此项目 b 如果立即实施投资,也会给公司带来正的现金流。但是项目 b 的价值波动幅度较大,且投资机会在两年内都不会消失,所以应该等待时机实施项目 b。这样项目 b 位于区域 5。项目 d 投资的可能性不大,因为它的净现值小于 0,而且价值成本比小于 1,在未来一年内项目价值的波动性也大,项目价值超过成本的可能性不大。项目 d 位于区域 2,项目 e 位于区域 3,虽然项目 e 的净现值小于 0,它的价值成本比小于 1,但是项目 e 还有两年才过期,而且项目价值的累积标准差比较大,应该积极管理。项目 f 在未来三年内是最有可能实施投资的,它的净现值小于 0,它的价值成本比小于 1,项目价值的波动率最大,所以项目 f 位于区域 4。

　　由于存在不确定性和管理柔性,基于实物期权的项目投资分析框架与基于传统的净现值投资分析法有很大的不同。在本例中,期权定价给出的投资项目的价值总和是净现值法的 7 倍多(3035.73/400)。通过改进的期权分析坐标图标出的项目位置,可以很清楚地知道应该采取的实施策略:公司应该放弃一个项目,立即实施一个项目而对其他的项目应该等待机会再实施,对于很有希望的项目应该采取积极的管理措施,提供项目的价值。在项目投资机会消失之前,公司管理人员应该通过有效的管理措施,如降低成本、增加价值、改变项目的价值成本比,从而促使项目在期权图上往右上方移动。随着时间的推移,项目对应的期权在期权分析图中的位置也会改变,从而应该采取的实施策略也会改变。这样改进的期权分析坐标图为项目管理人员制定合适的管理策略提供了一个相当好的项目投资决策分析工具。

第三节　投资项目市场进入策略的实物期权分析框架及案例研究

一、投资项目市场进入策略的实物期权分析框架

市场进入方式包括销售进入、合同进入和投资进入等。不同的进入方式各有自己的特点,企业可以根据自己的行业特点、生产规模、产品内容、技术水平、管理水平等要素,结合企业的长远发展战略采用多种进入方式相互结合的方式来制定进入策略。

用实物期权分析方法来分析市场进入策略时,首先,要辨别是否可以用期权方法来分析市场进入策略。市场进入策略所包含的实物期权是指企业通过初始的市场进入投资所获得的后续投资机会。初始的市场进入投资包含的战略价值远远大于初始市场进入投资本身的现金流价值。所以,市场进入策略的价值主要来自未来的投资机会。

其次,要辨别每种进入方式包含哪些期权。市场进入方式包含的期权有柔性期权、等待投资期权、增长期权、放弃期权、学习期权等。一般来讲,销售和投资几乎包含了所有期权,而合同生产难有柔性期权和等待投资期权。如果决策者只注重初始进入方式本身的现金流,而忽略它所包含的期权价值,那么就很难找到最佳的进入方式。

由于企业本身的营销水平程度不同,因而采用的进入方式也不同,并且随着企业的营销水平不断提高,企业对市场的控制力也逐步加强,风险也越来越大,进入方式也由代理进入、合同进入逐步转变为投资进入。代理进入和合同进入的启动、运营成本低,而投资进入可以利用当地的区域优势,有效地降低成本。所以制定市场进入策略时,应该根据企业自身的销售水平以及对全国市场的控制力强弱,制定多种进入方式相结合的市场进入策略。

包含多种进入方式的市场进入策略可以看做一个多阶段序贯投资决策,这样可以用实物期权的方法来评估市场进入策略,从而揭示其中包含的

风险本质。所有的或有投资损益状态的都可以用六种基本的损益模块构造出来，它们分别是：标的资产多头损益；标的资产空头损益；以固定价格购买标的资产损益（买权多头）及其对应的买权空头损益；以固定价格卖出标的资产的损益（卖权多头）及其对应的卖权空头损益。

把每种进入方式（合约）分解成上述基本损益形式后，我们可以利用Black-Scholes 期权定价公式及其衍生形式得出合约中（进入方式）包含的期权定价，这样就可以得到这个合约包含的期权价值。

标准的欧式买权 Black-Scholes 期权定价公式：$C = SN(d_1) - Xe^{-rT}N(d_2)$，

其中 $d_1 = \dfrac{\ln(S/X) + (r + \sigma^2/2)T}{\sigma\sqrt{T}}, d_2 = d_1 - \sigma\sqrt{T} = \dfrac{\ln(S/X) + (r - \sigma^2/2)T}{\sigma\sqrt{T}}$。

上式中，C 为买权价格，S 为定价日标的资产价格，X 为执行价格，r 为无风险利率，σ 为标的资产价格的波动率，T 为期权的到期时间，$N(d_1)$ 和 $N(d_2)$ 为标准正态分布累积概率。

我们知道，到期看涨期权的价值为 $\max(S_T - X, 0)$，当标的资产在到期日的价格 $S_T > X$ 时，期权价值为 $S_T - X$，否则买权价值为 0。现在要在买权到期之前对其定价，首先必须把执行价格折现到定价日，折现因子为 e^{-rt}。又因为标的资产价格是随机变化的，所以必须用一个概率分布来调整期权价值的不确定性。也就是在定价日标的资产价格必须调整为期权在到期日标的资产价格 S_T 大于执行价格的期望值 $N(d_1)S_T$，同时执行价格现值 Xe^{-rT} 还需要乘以风险中性概率 $N(d_1)$，执行价格调整为 $N(d_1) Xe^{-rT}$。可见 Black-Scholes 期权定价模型体现了动态复制和风险中性期权定价之间的关系。企业获得投资机会就像获得一个买权，即公司有权利而不是义务，在未来某一时刻或者时段内，投资某项新业务。投资机会作为一项或有投资决策，我们可以利用期权的价值来衡量投资机会的价值。在应用 Black-Scholes 期权定价公式为投资机会（实物期权）定价之前，必须对 Black-Scholes 期权定价的输入参数做相应的调整。大多数投资项目都是支出一定资金来买入或者建造具有产出能力的实物资产，这部分现金支出类似于金融期权的执行价格（X），而投资项目产出的价值类似于金融期权的标的资产价格 S。投资机会消失之前，企业可以延迟投资决策的时间长度类似于金融期权的到期时间 T，而项目产出现金流的不确定性（项目的风险）类似于金融期权标的资产价格的波动率 σ。最后，资金的时间价值都是指无风险利率 r。投资机会（实物期权）和金融期权的输入参数之间的对应关系如表 12-4 所示。

表 12-4　实物期权和金融期权输入参数间的对应关系

投资机会（实物期权）	变量	金融期权
投资项目资产价值	S	标的股票价格
项目的资本支出	X	执行价格
投资决策可以延迟的时间	t	到期时间
资金的时间价值	r_f	无风险利率
项目资产价值的波动性	σ	股票收益率的标准差

找到了投资机会与金融期权相对应的五个参数后，我们可以用 Black-Scholes 期权定价公式为投资机会定价。

从表 12-4 中可以看出，每种进入方式包含的实物期权的价值最终由这种进入方式产生的期权现金流决定。为了进一步了解五个输入参数对期权价值的影响，基于欧式买权 Black-Scholes 分期权定价公式分别对这五个参数求偏导可得：

$$\frac{\partial C}{\partial S} = N(d_1) > 0$$

$$\frac{\partial C}{\partial X} = - e^{-rt}N(d_2) < 0$$

$$\frac{\partial C}{\partial T} = \frac{SN(d_1)}{2\sqrt{T}} + rXe^{-rT}N(d_2) > 0$$

$$\frac{\partial C}{\partial r} = S\sqrt{T}N'(d_1) > 0$$

$$\frac{\partial C}{\partial \sigma^2} = XTe^{-rT}N(d_2) > 0$$

由以上五个推导式可知，每种进入策略中包含的实物期权（买权）价值将随着输入参数的变化而做如下变化：（1）市场进入策略成功实施后的预期现金 S 流越大，实物期权的价值越大；（2）市场进入策略成功实施的支出 X 越大，实物期权的价值越小；（3）实施市场进入策略可以延迟的时间 T 越长，实物期权的价值越大；（4）资金的时间价值 r 越大，实物期权的价值越大；（5）市场进入策略成功实施后，预期现金流的波动率越大，实物期权的价值越大。

对金融期权定价时，它的输入变量都可以从金融市场直接观察到，而实物期权的输入变量更多的是依靠经理人员的预测和经验判断。每种市场进入方式的预期现金流现值可以从资本预算表上得到。由于每种市场进入策略的标的资产并不公开交易,故不容易从资本市场观察到,而更多地来自管理人员的经验预测。同时,每种开支进入策略的成本开支也具有很大的不确定性,有时还取决于经理人员在谈判中的讨价还价能力;新市场的进入时间也具有很大的不确定性,每种市场进入策略的现金流的波动率也只有通过经验或者模拟方法得到。

二、投资项目市场进入策略的实物期权案例研究

A 公司是一家电信设备制造商,它使用代理销售、合同进入(技术授权)、直接投资等方式进入华南市场,通过为当地厂商提供技术培训、人员培训甚至通过融资来开展全国业务。现在 A 公司准备进入华南市场,通过和当地政府谈判,A 公司通过为当地一家制造商 B 公司提供技术授权,从而在华南地区销售自己的产品,同时还可以获得市场经验,把整个业务推广到全国市场,更为重要的是公司有望获准在 4 年内建立一个自己的工厂和分销系统。为了得到这一权利,A 公司同时还必须为 B 公司的授权项目提供运营资金、技术支持和制造设备,以帮助 B 公司达到国际认可的制造标准。由于 B 公司没有自己的研发能力,所以它不会成为 A 公司未来的竞争对手。A 公司进入华南市场的策略可看作技术授权协议和直接投资的组合。A 公司技术授权协议现金流量如表 12-5 所示。

表 12-5　A 公司技术授权协议现金流量

单位:万元

项目	年份				
	0(现在)	1	2	3	4
产品销售收入		75	110	180	250
经营成本		18.4	22	45.5	59.5
利润		56.6	88	134.5	190.5
税收税率30%		16.98	26.4	40.35	57.15
折旧		3.3	4	5.8	7.6
流动资产投资	180	6	2	4.8	8.4
固定资产投资	350	10	2.5	7	4
现金流出净值	530	26.92	61.1	88.15	128.55
流动资金回收及残值					389
现值系数(折现率25%)	1	0.8	0.64	0.51	0.41
技术授权现金流入现值		21.54	39.1	44.96	212.2
技术授权现金流净现值 NPV_1	-212.21				

从表 12-5 中可见,由于技术授权为公司带来的现金流净现值为-212.21(现金流出净值-530),公司股东不会批准这项投资。其实,技术授权协议还为 A 公司带来了一个投资机会(实物期权)——投资建立一个生产工厂和自己的分销系统,而这个投资机会是有价值的。净现值之所以低估项目的价值是因为它没有考虑到技术授权协议可以为公司带来后续的投资机会的价值。

技术授权带来的直接投资这个实物期权是一个等待投资期权。由于华南地区存在较大的市场风险,授权协议可以使公司获得当地市场有用的相关知识,在华南地区发展合作伙伴关系、培养市场、减少不确定性,通过延迟不可逆投资,减少决策错误的几率。三年后,如果 A 公司执行这一实物期权,则必须在华南地区直接投资建厂,A 公司采取授权协议进入市场后,再投资建厂(现金流量如表 12-6 所示)。

表 12-6　A 公司直接投资建厂的现金流量

单位:万元

项目	年份			
	5	6	7	8
产品销售收入		350	650	1100	1300
经营成本		65	140	210	230
利润		285	510	890	1070
税收税率30%		85.5	153	267	321
折旧		8	11	13	16
流动资产投资	385	8.5	9.5	11.4	14.5
固定资产投资	638	5.4	7.4	5.3	58.5
直接投资现金流流出净值 X	1023	193.6	351.1	619.3	692
流动资金回收及残值					1100
现值系数(折现率25%)		0.4	0.33	0.28	0.23
直接投资净现金流流入现值 S	778.87	77.44	115.86	173.40	412.16
直接投资现金流净值 NPV_2	170.67				

设无风险利率 r 估计值为 12%,直接投资建厂的现金流的波动率估计值为 30%,直接投资建厂的实物期权到期时间 T 为 4 年,执行价格为直接投资建厂预计的总投资额,即 $X = 1023$,直接投资建厂的现金流为 $S = 778.87$。把上述五个参数代入 Black-Scholes 期权定价公式可得直接投资实

物期权的价值为 C_2 。

计算过程如下：

$$d_1 = \frac{\ln(S/X) + (r + \sigma^2/2)T}{\sigma\sqrt{T}}$$

$$= \frac{\ln(778.87/1023) + (12\% + 0.5 \times 0.3^2) \times 4}{0.3 \times \sqrt{4}} = 0.6456$$

$$d_2 = d_1 - \sigma\sqrt{T} = 0.6456 - 0.3 \times \sqrt{4} = 0.0456$$

$$N(d_1) = 0.7407, N(d_2) = 0.5182$$

$$C_2 = SN(d_1) - Xe^{-rT}N(d_2) = 778.87 \times 0.7407 - 1023 \times e^{(-0.12 \times 4)} \times$$
$$0.5182 = 248.91$$

其中 $S = 778.87$，$X = 1023$，$r_f = 12\%$，$T = 4$，$e = 2.718$

由上分析可知，实物期权分析法通过把投资项目风险与市场风险相关联为不确定性定价，为我们制定正确的市场进入策略提供了一种新的思路。

第十三章　私募股权投资基金的现实问题、原因及解决问题的建议

私募股权投资基金除了良好的协同机制外,还必须有良好的政策支持环境,才能发挥其作用。因此,本章分别从宏观、中观、微观三个方面,分析中国私募股权投资基金存在的现实问题与原因,并提出相应的建议。

第一节　私募股权投资基金宏观层面的问题、原因及建议

一、私募股权投资基金宏观层面的问题及原因

从宏观层面看,虽然当前《中华人民共和国公司法》(以下简称《公司法》)、《中华人民共和国证券法》(以下简称《证券法》)、《中华人民共和国信托法》(以下简称《信托法》)、《中华人民共和国合伙企业法》(以下简称《合伙企业法》)的陆续修订和出台,为私募股权投资基金的设立和发展提供了法律依据,但是在私募股权投资基金的实际运作中,仍然存在着法律地位、注册登记、税收缴纳、金融机构投资私募股权基金限制等问题。

（一）法律地位问题及其原因

2012年12月28日,十一届全国人大常委会第三十次会议表决通过了修订后的《中华人民共和国证券投资基金法》(以下简称《证券投资基金法》),于2013年6月1日起施行。修订后的证券投资基金法共15章、155条,包括总则、基金管理人、基金托管人、基金的运作方式和组织、基金的公开募集、公开募集基金的基金份额的交易、申购与赎回以及公开募集基金的投资与信息披露等。修订后的新法在加大基金持有人保护力度的同时,首次将非公开募集基金纳入调整范围,这意味着私募证券投资基金获得合法地位。相对于私募入法,早已纳入《证券投资基金法》的公募基金也做出调整,加大了基金持有人的保护力度。新法不仅规范了基金管理公司的内部治理机制,还明确了对基金管理人违法违规行为的惩罚措施。但是,私募股权投资基金仍未纳入监管,也没有给出私募股权投资基金具体的操作细节,这使得私募股权投资基金的从业者对法律法规把握不清,在实施和执行的

过程中存在一定困难,从而给私募股权投资行业造成很大的法律漏洞。既然私募股权投资的发展形势迅猛,私募股权投资的盈利模式和法律关系日趋清晰,私募股权投资的立法条件趋于成熟,新法的调整外延就应该进一步扩大。

国内一些经济发达的地区已开始推行有限合伙制,北京、上海、浙江、广东等地也先后出台了承认有限合伙制合法性的相关政策和法规。但这些地方政策和法规违背了《合伙企业法》的规定,属于《中华人民共和国立法法》(以下简称《立法法》)第六十四条第二款所规定的"地方性法规同法律或者行政法相抵触的规定无效,制定机关应当及时予以修改或废止"的情况,严重阻碍了有限合伙制基金更广泛的推广。

地方性政策法规与国家法律法规的抵触在一定程度上反映了立法的滞后性,因此国家应尽快修改《合伙企业法》或制定《有限合伙企业法》,确定有限合伙制的合法地位,去除政策瓶颈,促进私募股权投资基金的发展。

（二）工商注册登记问题及其原因

2006年修订后的《合伙企业法》引入了有限合伙制。法律修订后,国务院和国家工商行政管理总局先后修订和制定了与合伙企业登记管理工作有关的法规、规定,但对有限合伙企业尤其是有限合伙制私募股权基金,目前仍没有形成全国范围内统一的工商注册程序,只有部分地区对有限合伙制的登记设置了地方规定。除天津、北京等少数地区外,私募股权投资基金以有限合伙制形式进行登记尚不能实现。同时,对于私募股权投资基金的设立是否需要到金融监管部门备案或履行审批手续,尚未予以明确。

（三）税收问题及其原因

《合伙企业法》第六条规定:"合伙企业的生产经营所得和其他所得,按照国家有关税收规定,由合伙人分别缴纳所得税。"但是合伙人的具体纳税办法,包括普通合伙人、有限合伙人为自然人或法人等不同情形的纳税问题,并没有实施细则进行规定。由于缺乏统一稳定的规则,投资者对于私募股权投资基金的投资收益无法形成稳定预期。在实际操作中,各地执行的政策也不尽相同。有限合伙人、普通合伙人是法人的,要合并缴纳企业所得税。有限合伙人、普通合伙人是自然人的,有的规定对投资收益不征税;有的规定对股票投资收益不征税,但对私募股权投资的购买价和上市发行价之间的收益征收20%的投资收益税,发行价和上市变现价之间的收益不收税;有的则规定参照个体工商户征收个人所得税。总的来说,各地方的税收政策规定(包括金融办或发改委发布的股权投资基金扶持政策文件中)措辞较为简略,对一些关键性问题并没有明确说明。

有限合伙企业和信托也可以作为基金的有限合伙人或普通合伙人。由于两者都是透明的实体，因此应由有限合伙企业和信托的受益人缴税。但具体执行上可能会存在一些技术问题。如果公司法人作为有限合伙企业的合伙人或信托受益人，那么税收缴纳地可以是公司注册地的税务部门。地方政府一般规定，自然人作为合伙人从有限合伙企业取得的收入应在合伙企业注册地缴税。而信托目前并没有明确的税收政策，原则上是由信托受益人自行缴纳税收。在实际操作中，信托受益人可以不在信托所投资的有限合伙基金注册地缴税，这就形成了税收征管的一个盲点。

（四）金融机构投资私募股权基金问题及其原因

《合伙企业法》的修订，为商业银行、保险公司等金融机构作为有限合伙人投资于私募股权投资基金创造了条件。由于只承担有限责任，金融机构可依市场和自身风险管理情况，选择一定比例的资金投资于私募股权投资基金。

在实践中，保险资金、银行资金以及其他非银行金融机构的这类股权投资，仍有诸多制约因素。如《中华人民共和国商业银行法》（以下简称《商业银行法》）第四十三条规定："商业银行在中华人民共和国境内不得从事信托投资和证券经营业务，不得向非自用不动产投资或者向非银行金融机构和企业投资，但国家另有规定的除外。"保险公司、信托公司等金融机构的对外投资也受到一些类似的限制。尽管法律为这些金融机构的投资预留了空间，但由于相关的规定仍未出台，金融机构对私募股权投资基金的投资仍受到严格的管制。目前只有全国社保基金等少数机构投资者经个案审批，获得了投资私募股权投资基金的许可，尚没有形成具体的管理规定和操作办法。

二、加快发展私募股权投资基金宏观层面的政策建议

（一）明确行业主管，加强行业自律

针对私募股权投资监管存在的法律缺失问题，我们认为其监管模式应该是"立法调整+工商登记+PE自律+行业自律+司法救济"。其中，立法调整是前提，工商登记是基础，PE自律是核心，行业自律是关键，司法救济是保障。

私募股权投资是富人与能人的私人俱乐部，原则上不涉及不特定的公共投资者，因而各国都对私募股权投资实行较宽松的监管政策。金融危机之后，加强对金融领域监管已成为全球趋势。美国也加强了对私募股权投资的监管，如2010年正式生效的《多德弗兰克法案》要求除创业风险投资

基金之外的私募股权投资基金登记注册,由美国证券交易委员会(SEC)监管。而此前除了已上市的私募股权投资基金之外,其他是不需要登记注册并做公开披露的。

私募股权投资基金主要面向一定数量的合格投资者募集资金,采用市场化运作,世界各国普遍采取金融监管豁免措施,实行行业自律为主,辅之以必要的政府和社会监督。行业自律主要是针对基金设立历史、管理者信息、投资策略等信息的披露工作。为此,建议成立全国性私募股权投资基金协会,作为行业自律组织,对会员进行自律管理,建立以信息披露为基础的注册制(会员单位在工商注册登记前先在协会进行登记),并从从业资格、职业操守、业绩披露等方面着手进行基础性管理。私募股权基金协会要充分认识到股权投资基金的道德风险,加强行业自律。

由于私募股权投资基金是一个金融产品,本质上是一种资本市场金融产品创新,且资金来源广泛,运作方式多样,往往涉及银行、证券、保险、社保基金等多类金融机构和金融产品,在当前我国分业经营、分业监管格局下,为加强监管部门的协调合作,保障金融稳定,行业协会的主管部门应该在"一行三会"("一行"是指中国人民银行,"三会"是指证监会、银监会、保监会,其中证监会管证券行业,银监会管银行业,保监会管保险行业)中选择其一。

(二)完善注册登记、税收等相关配套政策

对于有限合伙制和信托制的私募股权投资基金,在实际中可在相关法规的操作上给予便利,比照法人进行管理。在注册登记和税收问题上,建议出台合伙制私募股权投资基金工商注册登记以及税收缴纳的全国统一管理办法,规范私募股权投资基金的登记和纳税问题。

为了扶持私募股权业的发展,中央和地方出台了各种税收优惠政策,使得私募股权基金、有限合伙人及基金管理人的税收待遇问题更加复杂。但总的来说,由于25%的企业所得税的存在,公司制基金与有限合伙制、信托制两种形式的基金相比存在明显的劣势。有限合伙基金为税收透明主体,本身不缴纳所得税,而是由合伙人自行缴纳,这种"先分后税"的原则是有限合伙制的优势所在。有限合伙基金投资产生的收益主要为股权转让溢价及企业派发的红利或利息。在美国,股权转让溢价适用于长期资本利得税,税率仅为15%;如果管理分红按一般性收入计税,税率可达35%。在中国,也可以借鉴美国的这一做法。私募股权投资作为高风险行业,双重征税使得企业收益大大降低,不能弥补承受的风险,从而大大降低了私募股权基金管理人通过投资管理公司加入有限合伙制基金的动力,也降低了有限合伙制对民间闲置资本和机构投资者的吸引力。为了避免有限合伙制基金和投资管理公司的双重征税问题，建议免除他们的企业所得税。

（三）政府可以设立产业引导基金

除专项基金外，政府也可以设立产业引导基金，落实国家产业政策，引导社会资金共同参与投资。这类产业引导基金并不直接进行企业股权投资，而是在市场中选择优秀基金管理公司管理的投资基金进行投资；并通过投资协议中约定的利益分配方式，扶持、引导社会资金的投资和民间资本的参与。2007年，由我国财政部、科技部出台的《科技型中小企业创业投资引导基金管理暂行办法》以及各地相继设立的创业投资引导基金，较好地处理了政府的市场定位，即政府不直接参与市场，也不直接审批创业投资机构，而是从市场运行中选择优秀的创投机构给予支持，以引导民间私人资金投向有关产业。

（四）金融监管当局明确金融机构投资私募股权基金的规则

建议各金融监管当局秉承资产投资组合分散风险的理念，在对金融机构资产投资组合比例做出规定、对风险拨备提出要求和风险资产权重做出规定的基础上，给金融机构投资私募股权基金的自主权，而不是简单地禁止。

无论从美国的经验还是从机构投资者的实力来看，我国商业银行、社会保障基金、保险公司都应成为主要的有限合伙人，以扩大有限合伙制的规模。但目前操作起来较困难，如《中华人民共和国商业银行法》（以下简称《商业银行法》）禁止商业银行在境内从事信托投资和股票投资。2000年8月，经中央批准，国务院设立全国社会保障基金作为国家社会保障储备基金，同时设立全国社会保障基金理事会作为基金的管理运营机构，设立基金当年中央财政拨入200亿元。经过14年发展，基金规模不断扩大，截至2014年6月底，全国社会保障基金权益总额10187亿元，累计年均投资收益率7.95%，较好地实现了社保基金的保值增值。国务院法制办2014年11月26日就《全国社会保障基金条例（征求意见稿）》向社会广泛征求意见，这也意味着我国将从"立法"层面保障百姓的"养命钱"保值增值。这份意见稿明确：全国社会保障基金可以在中国境内市场投资运营，也可以在境外市场投资运营；投资运营全国社会保障基金，应当科学配置经国务院批准的固定收益类、股票类和未上市股权类等资产；任何单位和个人不得侵占、挪用或者违规投资运营全国社会保障基金；国务院审计机关对全国社会保障基金实施审计监督；审计结果应当向社会公开。这说明，全国社会保障基金来源不同于社会保险基金，不由用人单位和个人的缴费构成；同时也说明

《全国社会保障基金条例》不允许社会保障基金参与风险较大的投资。

以上法律缺陷大大制约了有限合伙制基金的规模和数量,因此我国必须修改相关的法律法规,解除社会保障基金、保险公司和商业银行等主力机构进入私募股权投资行业的壁垒。同时还要建立合理的风险规避机制,学习美国的做法,限制这类资金用于私募股权投资的比例,例如规定社会保障基金私募股权投资额度不得超过基金总额的一定比例(如 15%)。这样既可以得到私募股权投资的高收益,实现资金的增值,又可以通过多元化的投资来规避风险。

(五) 培养私募股权基金管理人市场

培育私募股权基金管理人群体是我国私募股权投资业发展亟待解决的问题之一,也是我国推广有限合伙制的主要前提。私募股权投资是一种网络运作模式,私募股权基金管理人在这一网络中融资,获取交易流,寻求技术、项目和管理专家,并通过这一网络交流投资信息和经验。私募股权基金管理人一方面通过网络的增值活动,使私募股权投资增值;另一方面也通过网络的增值活动,逐步提高自己的声誉。可以说,没有广泛的私募股权投资网络,就无法产生真正的私募股权基金管理人市场。

因此,要培育私募股权基金管理人市场群体,必须以政府为主导尽快建立私募股权投资信息网络。可参照美国私募股权投资协会和欧洲私募股权投资协会的模式,借助网络、行业报刊、协会和从业者俱乐部等形式,拓展私募股权投资信息网络,加强私募股权基金管理人之间的交流,培育出我国真正的私募股权基金管理人群体。

(六) 对私募股权投资业进行监管

美国私募股权业一直豁免于政府监管,即便是现在,美国的监管也仅限于信息备案。这是因为私募股权属于少数有较强风险承受能力的“合格投资者”参与的小众行业,在投资者能自行保护自身利益的情况下,加强监管既浪费政府资源,也影响市场机制发挥作用。目前美国政府对私募股权的备案监管主要是着眼于防范大型杠杆收购可能导致的市场系统风险。

和美国一样,中国私募股权业也是少数富有的个人和机构投资者参与的市场。据清科创投的统计,中国实际参与私募股权投资的投资者约 7000家,其中半数为高净值个人(多数私人银行将高净值个人定义为除房产以外可投资金融资产在 1000 万元人民币以上的个人或家庭)。依照美国相同的逻辑,我们认为这些投资者具备足够的资源去维护自身权益,因而没有必要对私募股权市场过度干预。中国私募股权的运作模式主要是创业投资和成长基金,杠杆收购交易也主要在美国和香港市场,暂时还没有系统风险的防范需求。前面介绍要以立法方式确认私募股权的合法性,从而放开政府对银行、保险公司和证券公司参与私募股权的限制。到目前为止,除银监会尚未放开商业银行直接投资私募股权的限制外,保监会和证监会已经分别发布部门规章,允许保险公司和证券公司进行直接投资。

2011 年,国家发展改革委办公厅发布的《关于促进股权投资企业规范发展的通知》涉及了关于规范股权投资企业的设立、资本募集与投资领域(含设立与管理模式、资本募集、资本认缴、投资者人数限制、投资领域等)、健全股权投资企业的风险控制机制、明确股权投资管理机构的基本职责、建立股权投资企业信息披露制度、加强对股权投资企业的备案管理和行业自律等多方面的具体规定。据媒体报道,国家发改委 2012 年曾计划将私募股权投资基金投资者的最低投资金额限定为 1000 万元,这一规定明显脱离了市场实际,即便发布也难以得到市场的尊重和实行。

从 1950 年至今,美国私募股权在发展过程中经历了多次巨大的变革,宽松的监管环境为美国私募股权业的发展做出了重要贡献。学界和业界对金融监管的共识是,金融监管总是落后于实践的步伐,过度具体的监管规定将会限制私募股权行业的自由发展。

因此,中国私募股权的监管应该是基于原则的监管,应借鉴美国关于投资者保护、公众利益保护和系统风险防范的原则性监管。具体监管措施也应沿用备案监管的思路,切忌采用证券投资基金的审判式监管。事实上,私募股权基金的筹集和投资者权利已经有《证券投资基金法》、《信托法》、《合伙企业法》及《证券法》规范,具体运作已经有《中华人民共和国合同法》、《中华人民共和国民法通则》及各实施细则规范。因此,适度的原则性监管和保护市场机制作用的发挥,应该是未来中国私募股权监管的主要思路。

第二节　私募股权投资基金中观层面的问题、原因及建议

从私募股权基金管理人与目标企业家的角度来看,为激励目标企业家努力工作,需要给予目标企业家较大的股份;为了防止目标企业家偏离方向,应该给予私募股权基金管理人较大的控制权,如表决权,应该多分配给私募股权基金管理人。私募股权基金管理人一般并不要求对目标企业控股,但都要求在一定参股比例的情况下拥有支配控制权,并参与经营管理、提供增值服务,目的是减少投资风险,增加目标企业的附加值。私募股权基金管理人的支配控制权不是靠参股比例而享有,而应根据与目标企业订立

的合约实现,必要时可撤换经营者;对于前景暗淡的目标企业,必要时以清算方式退出,以避免拖延时间而造成更大的损失。

一、用分阶段投资加强对目标企业家的监督

分阶段投资是防范目标企业实施机会主义行为的一个重要手段,同时也对目标企业形成了高强度的激励。在各阶段投资时期,私募股权基金管理人都要对目标企业的财务状况进行审计,对投资前景进行重新评估。当发现目标企业有机会主义行为或能力有限,投资前景不乐观,私募股权基金管理人可中断投资。分阶段投资使目标企业面临中断投资的压力,从而迫使其尽最大努力发挥自己的能力,约束机会主义行为的冲动。

我国对目标企业实施分阶段投资的难点,一是私募股权投资规模有限,二是相关法律造成的障碍。规模的扩大可以通过前面介绍的资金来源的多样化来解决。因此,可借鉴一些国家的先进经验,对投资公司实行承诺资本的原则,允许私募股权投资公司开始时只认购承诺资本的一部分,保留放弃追加投资或优先认购企业股权追加融资的权利。

二、以股票期权来激励目标企业家

在目标企业内实施股票期权的作用主要体现在三个方面。第一,可通过绩效期权来甄别和激励目标企业。报酬中不确定的期权所占比重影响到报酬业绩的敏感性,因此起到了目标企业家的能力和项目质量的信号传递作用。高能力的目标企业家和质量好的项目通过接受较大的期权,可以将自己与能力低的目标企业和质量较差的项目区别开来。第二,期权的实施将报酬与业绩更紧密地联系起来,对目标企业家产生高强度的激励。第三,可通过时间期权来增加目标企业家本身的专业性,启动分阶段投资,防止目标企业家的事后套牢。

我国高科技企业的股票期权制度已处于实行阶段,但迄今为止,仍缺乏正式的法律认可和统一的操作规范。因此,国家应尽快就实施股票期权的企业资格审查、具体操作规范和管理办法、相应法律法规的制定做出统一部署。除了法律环境外,股票期权的实施还取决于三个条件:明晰的企业产权、完善的法人治理机构和规范的股票市场。各级政府应从这三个方面着手,为股票期权的顺利实施创造良好的条件。

三、以可转换优先股作为主要的投资工具

跟股票期权一样,可转换优先股通过影响报酬业绩敏感性而起到甄别

和激励的双重作用。对于私募股权投资基金公司而言,这一工具的另一重要意义在于结合了债券和股票的特点,使投资者在享受目标企业高成长收益的同时,将风险最小化。可转换优先股在目标企业破产时赋予投资者优先补偿权;当目标企业绩效很好时,可按事先约定的转换条款转换为普通股,从而使投资者享受到企业的成长收益。

我国已在国有非上市公司进行了可转换债券的试点工作,积累了一定的经验,因此与可转换债券类似的可转换优先股在实际操作中并无太大的障碍。目前,可转换优先股推广最大的问题仍然是缺乏法律依据。除了法律规定的外,可转换优先股的实施应结合我国国情进行一定的创新。在当前的法律和社会环境下,为了更好地保护投资者的利益,可转换优先股可以吸收可转换债券的一些优点。当目标企业效益较差时,转换成债券,以保证资金的安全;效益中等时,保持为优先股,既享受企业成长的收益,又可以在一定程度上保证投资的安全;当企业效益很好时,转换为普通股,享受企业成长的高收益或资本利得。

第三节　私募股权投资基金微观层面的问题、原因及建议

从微观层面来看,综合世界各国私募股权投资的发展和实际,有限合伙制是最适合私募股权投资基金的组织形式。它既激励和约束了私募股权基金管理人的行为,又减轻了有限合伙人承担的风险和责任。因此,应优先发展有限合伙制这种组织形式,并在市场运作中逐步培养私募股权基金管理人。

尽管有限合伙制是最理想的私募股权投资基金的组织形式,但由于我国法律环境的欠缺、信誉基础较差,也缺乏成熟的私募股权基金管理人,因此不能照搬国外的模式,应根据我国国情进行一定的组织创新。

(1)在普通合伙人方面,由于我国私募股权基金管理人个人资产较少、声誉积累有限、能力和经验不足,所以建立投资管理公司作为普通合伙人比私募股权基金管理人个人作为普通合伙人更为现实。投资管理公司是由高层管理人员、相关行业专家、金融机构的投资管理人、会计和审计人员等各类人员集资组成的合伙公司。一般来说,公司的声誉比个人的声誉高,并且投资管理公司可以弥补个人资金的不足。投资管理公司根据所投资的行业和企业特点搭配人员,组成有针对性的私募股权基金管理人班子,对目标企业进行监督和管理,实现班子成员间的能力和经验互补。投资管理公司作

为普通合伙人以其资产承担无限责任,并且因为投资管理公司是合伙制企业,这种无限责任自然延伸至一般合伙人——私募股权基金管理人,从而对其产生较大的压力。投资管理公司的人员不宜过多,以便相互监督。

(2)在有限合伙人方面,除了各级政府之外,应进一步多元化资金来源,吸收潜在的机构投资者如以养老基金为主的社会保险基金、商业保险公司和各商业银行等。私募股权资本来源的多元化一方面可以解决私募股权资本有效供给不足和私募股权投资基金公司资本规模普遍偏小的现实难题,为引入分阶段投资奠定资金基础;另一方面可以减少各级政府的直接行政干预;同时企业和证券公司的进入为私募股权资本的退出提供了支持。

(3)在资金管理方面,资金可由商业银行托管,商业银行在审核通过的基础上根据基金管理人的指令调拨基金,这使基金管理人和基金托管人形成相互制约,进一步约束一般合伙人的"道德风险",以避免"乱集资"和"投资欺诈"问题。

(4)在投资管理方面,由于我国正处于私募股权投资发展的初期,私募股权基金管理人缺乏投资管理的相关经验和能力。为弥补这一缺陷,应允许和鼓励国外私募股权投资机构成立私募股权投资咨询公司,并给予一定的政策支持。这种咨询公司不仅能为私募股权投资的运作提供咨询和指导,而且私募股权基金管理人可以学到先进的私募股权投资管理经验,从而培养出一批高水平的私募股权基金管理人。

(5)以利润分享激励私募股权基金管理人。投资管理公司以管理费加利润分成的形式获取报酬,这一报酬在扣除一定比例的管理费后分配给管理团队,以激励其努力工作。

(6)以声誉机制激励和约束私募股权基金管理人。有限合伙制基金的存续期不能太长,否则会弱化声誉机制的效应。有限合伙制的存续期应根据企业的发展周期而定,目标企业一般是5—7年后进入成熟期,所以有限合伙制基金的存续期7年即可,最多可延长1—3年。一个周期之后,私募股权基金管理人必须返回本金和分配收益,通过收益的多少可以证明私募股权基金管理人的能力和信誉,使得投资者可以区分私募股权基金管理人的好与坏,并在下次投资时进行选择。声誉机制的建立还依赖于私募股权投资地域的集中性。目前我国经济技术开发区有几百家,各地争相建立开发区导致信息流动的低效率,给机会主义者以可乘之机。因此,我国应对全国开发区的数量和分布进行调整,以形成一定的地域集中性。

(7)引入分段投资注资约束私募股权基金管理人。允许投资者采取"承诺"式注资,即在基金成立时,只在合约中约定承诺的出资额,资金实际到位的时间和额度由投资者根据投资进度而定。当投资者对项目前景不乐观时,有权随时中断投资。这样投资者和私募股权基金管理人之间的博弈变成无限重复博弈,能有效遏制私募股权基金管理人的机会主义行为。

普通合伙人与有限合伙人的责任与报酬如表 13-1 所示。

表 13-1　普通合伙人与有限合伙人的责任与报酬比较

责任与报酬	人员类别	特点
责任	投资人(有限合伙人)	有限合伙人仅以出资额度为限承担有限责任,并通过约定保留一定的权利对管理人监督
	管理人(普通合伙人)	普通合伙人对合伙企业负有无限责任,可以灵活自主进行经营活动,经营权不受干涉
报酬	投资人(有限合伙人)	有限合伙人以约99%的投入获得80%的利润
	管理人(普通合伙人)	普通合伙人以约1%的投入一般获得2%的管理费和20%的利润

本章从宏观层面,包括法律地位、注册登记、税收缴纳、金融机构投资等方面,分析存在问题的原因,提出了加快发展私募股权投资基金宏观层面的政策建议;从中观层面给出了私募股权基金管理人对目标企业家进行监督和激励的问题,分析了产生问题的原因,提出了针对问题的合理建议;从微观层面对普通合伙人、有限合伙人、资金管理、投资管理、利润分享、声誉机制等问题进行了分析,提出了针对问题的建议。

参 考 文 献

一、中文参考文献

1. 陈书建,徐玖平.信息不对称条件下风险投资的激励约束制度安排[J].经济体制改革,2002(5):108-111.

2. 陈婷.我国风险投资存在的问题及对策[J].经济论坛,2005(11):46-47.

3. 陈伟,蔡云.风险投资中被投资企业的价值评估[J].技术经济与管理研究,2001(2):50-52.

4. 邓谷亮.中国风险投资发展认识[J].保险职业学院学报,2007(10):43-44.

5. 范龙振,唐国兴.项目价值的期权评价方法[J].系统工程学报,2001(1).

6. 冯宗宪,谈毅,邵丰.高技术风险投资契约理论研究述评[J].预测,2000(6):6-11.

7. 宫悦.私募股权基金对我国中小板上市公司价值影响的实证研究[J].财会研究,2012(2):48-50.

8. 胡海峰.创业资本投资过程中的契约安排:理论回顾与展望[J].南开经济研究,2002(3):64-66.

9. 华雷,李长辉.私募股权基金前沿问题——制度与实践[M].北京:法律出版社,2009.

10. [美]罗伯特·吉本斯.博弈论基础[M].高峰译.北京:中国社会科学出版社,1999.

11. 蒋贤锋.基于实物期权视角的中国农村劳动力转移分析:1949~2005年[J].数量经济技术经济研究,2010(2):65-77.

12. 李金龙,范纯增,谈毅.风险投资中控制权、私人利益、声誉以及现金流权利的研究[J].系统工程,2006(1):87-90.

13. 李连发,李波.私募股权投资基金:理论及案例[M].北京:中国发展出版社,2008.

14. 梁兴超.双寡头垄断市场下物流地产投资开发规模与时机问题研究[J].经济体制改革,2012(3):173-176.

15. 林金腾.私募股权投资与创业投资(PE&VC)[M].广州:中山大学出版社,2011.

16. 刘荷琼.我国风险投资中的逆向选择与道德风险研究[D].上海:上海交通大学,2009.

17. 刘萍萍.创业投资家与企业家的人力资本特征研究[J].技术经济与管理研究,2011,(1).

18. 刘萍萍.风险投资运作机理研究——基于契约机制与人力资本的视角[M].北京:对外经济贸易大学出版社,2009.

19. 刘少波,蒋海.风险投资的进入与退出的信息经济学分析[J].财贸经济,2000 (3):36-40.

20. 刘正林.风险企业的一种激励安排[J].经济数学,2002(1):15-18.

21. 鲁皓,张宗益.基于实物期权方法的新兴技术项目投资时机和投资规模选择[J]. 系统工程理论与实践,2012(5):1068-1074.

22. 罗建强.基于实物期权的延迟策略 CODP 投资决策分析研究[J].上海管理科学, 2011(4):26-29.

23. [德]马提亚斯·君德尔,布庸·卡佐克.私募股权:融资工具与投资方式[M]. 吕巧平译.北京:中信出版社,2011.

24. 潘从文.私募股权基金治理理论与实务[M].北京:企业管理出版社,2011.

25. 潘启龙.私募股权投资实务与案例[M].北京:经济科学出版社,2009.

26. 平安证券.当前全球 PE 市场的发展状况评估[R].2009.

27. 钱苹,张帏.我国创业投资的回报率及其影响因素[J].经济研究,2007(5): 78-90.

28. 清科研究中心.2011 年中国私募股权投资年度研究报告[R].2012.

29. 邱华炳,庞任平.风险投资交易设计研究[J].财经论丛,2000(5):65-71.

30. 任达,安瑛晖,张维.项目投资的实物期权方法应用分析[J].天津大学学报(社会科学版),2008(1):43-47.

31. 隋平,董梅.私募股权投资基金操作细节与核心范本[M].北京:中国经济出版社,2012.

32. 谈毅.风险投资家的代理风险表现与控制机制[J].科研管理,2000(6):32-40.

33. 谈毅,郭杰,周佳平.风险资本市场的行动团体及其特征[J].中国科技论坛,2003 (4):120-124.

34. 谈毅,冯宗宪.风险投资工具选择模型的研究[J].预测,2000(1):55-59.

35. 唐翰岫,李湛.风险投资激励机制之研究[J].预测,2001(1):50-54.

36. 唐明哲.如何进行风险投资的理性决策——风险投资利润函数的引入[J].复旦学报(社会科学版),2001(1):85-89.

37. 田增瑞.创业资本在不对称信息下博弈的委托代理分析[J].中国软科学,2001 (6):22-26.

38. 田增瑞.创业投资激励理论与期权管理研究[M].北京:人民出版社,2008.

39. 王建安,周文华.风险资本家的委托人职能:选项、签约和监管[J].科研管理, 2003(3):122-129.

40. 王苏生,陈玉罡,向静.私募股权基金:理论与实务[M].北京:清华大学出版社,2010.

41. 王则柯.博弈论平话[M].北京:中国经济出版社,1998.

42. 奚玉芹,金桃.激励与约束:风险投资中的道德风险防范[J].科研管理研究,2001 (2):49-52.

43. 杨金梅.解构私募——私募股权投资基金委托代理问题研究[M].北京:中国金融出版社,2009.

44. 姚国庆.博弈论[M].天津:南开大学出版社,2003.

45. 叶克林.论我国企业家报酬的制度创新与政策选择[J].南京社会科学,2000(12):7-13.

46. 叶有朋.股权投资基金运作:PE价值创造的流程[M].上海:复旦大学出版社,2009.

47. 仪秀琴,李静.私募股权融资委托代理风险分析研究[J].会计之友,2013(2):72-74.

48. 喻猛国.信息不对称与风险投资的合约安排[J].金融理论与教学,2000(4):28-31.

49. 张汉江,陈收,刘洋.风险投资的分段最优激励合同[J].系统工程,2001(1):6-9.

50. 张帏,姜彦福,陈耀.风险投资中的代理问题、风险分担与制度安排[J].科研管理,2002(1):122-127.

51. 张维迎.博弈论与信息经济学[M].上海:上海三联书店,上海人民出版社,1996.

52. 张新立.非对称信息条件下风险投资契约机理研究[D].大连:大连理工大学,2008.

53. 张尧庭.信息与决策[M].北京:科学出版社,2000.

54. 赵洪江.新兴技术创业融资:融资契约与创业金融体系[D].成都:西南财经大学,2006.

55. 郑君君.风险投资中的道德风险与逆向选择[M].武汉:武汉大学出版社,2006.

56. 朱顺泉.创业资本家与创业者之间的多阶段投资声誉模型构建分析[J].科技创业月刊,2010(10):20-25.

57. 朱顺泉.供应链企业博弈模型的构建及其分析研究[J].暨南学报(人文科学与社会科学版),2004(7):22-25.

58. 朱顺泉.供应链企业收益分配博弈模型研究[J].价值工程,2004(3):29-31.

59. 朱顺泉.经济博弈论及其应用[M].北京:清华大学出版社,2013.

60. 朱顺泉.投资者与创业投资家之间的报酬机制设计及应用研究[J].软科学,2012(4).

61. 朱顺泉.公司金融财务学[M].北京:清华大学出版社,2011.

62. 朱顺泉.金融工程理论与应用[M].北京:清华大学出版社,2012.

63. 朱顺泉.金融投资学——理论·应用·实验[M].北京:清华大学出版社,2012.

64. 卓越.风险投资治理机制研究——基本人力资本的视角[M].北京:中国社会科学出版社,2006.

65. 邹辉霞.基于实物期权和投资者行为的风险投资决策模型[J].科技进步与对策,2009(2):30-36.

66. 邹菁.私募股权基金的募集与运作[M].北京:法律出版社,2009.

67.［美］安德鲁·梅特里克.创业资本与创新金融［M］.贾宁译.北京:机械工业出版社,2011.

68.孙黎,权静.创新变阵——企业内部创业的"期权组合"［J］.清华管理评论,2013(3).

69.陆方舟,陈德棉,乔明哲.公司创业投资目标、模式与投资企业价值的关系——基于沪深上市公司的实证研究［J］.投资研究,2014(1).

70.何江鸿.存在于税收行为中的实物期权的特征、价值及作用［J］.西部经济论坛,2014(1).

71.方红艳,付军.我国风险投资及私募股权基金退出方式选择及其动因［J］.投资研究,2014(1).

72.孙俊,褚明晔.新型金融业态对经济转型升级的作用——基于长三角私募股权投资流向的分析视角［J］.金融纵横,2013(3).

73.熊维勤.创业引导基金运作中的激励机制研究［M］.北京:经济科学出版社,2013.

74.李姚矿.天使投资:国际比较与经验借鉴［M］.北京:经济科学出版社,2013.

75.殷林森.基于双边道德风险的创业投资契约优化设计研究［M］.北京:中国金融出版社,2013.

76.欧阳良宜.私募股权投资管理［M］.北京:北京大学出版社,2013.

77.清科研究中心.2012年中国私募股权年度研究报告［R］.2013.

78.清科研究中心.2013年中国私募股权年度研究报告［R］.2014.

79.齐美然,郭子雪.基于模糊实物期权理论的专利价值评估［J］.河北大学学报(自然科学版),2013(6).

80.赖继红.私募股权投资、企业创新及其宏观经济效应研究［J］.中央财经大学学报,2012(9).

81.赵昌文,陈春发,唐英凯.科技金融［M］.北京:科学出版社,2009.

二、英文参考文献

1. A Working Group Established by the Committee on the Global Financial System (2008).Private Equity and Leverged Finance Markets.*Bank for International Settlements*,*Press & Communications*,CH-4002 Basel,Switzerland.

2. Bygarve,W.D.& Timmons,J.(1992).*Venture Capital at Crossroads*［M］.Harvard Business School Press,Combridge.MA.

3. Chris Gilchrist(2010).*Investmen Planning* 2010/2011:*The Advisers Guide*.Taxbriefs Financial Publishing.

4. Cumming,D.J.& Macintosh,J.G.(2001).The Extent of Venture Capital Exits:Evidence from Canada and the United States.*Working Paper*.

5. Cynil Demaria(2010).*Introduction to Private Equity*.John Wiley & Sons Ltd.Publica-

tion.

　　6. David P.Stowell(2013).*An Introduction to Investment Banks,Hedge Funds and Private Equity:The New Paradigm.*John Wiley & Sons,Inc.

　　7. Douglas, Cumming (2010). *Venture Capital: Investment Strategies, Structure, Policies.* John Wiley & Sons,Inc.

　　8. Elitzur R.& Gavious A.(2002).A Multi-Period Game Theoretic Model of Venture Capitalists and Entrepreneurs.*European Journal of Operational Research.*

　　9. Fama(April 1980).Agency Problems and the Theory of the Firm.*Journal of Political Economy*,288–307.

　　10. Frank J., Fabozzi, Harry M.& Markowitz (2011). *Theory and Practice of Investment Management,Assets Allocation,Valuation,Portfolio Construction and Strategies,* John Wiley & Sons,Inc.

　　11. Gompers Lerner(1998).Venture Capital Distributions:Short-run and Long-run Reactions.*Journal of Finance*,53,2161–2184.

　　12. Harry Cendrowshi, etc. (2012). *Private Equity,History,Governance and Operations,* John Wiley & Sons,Inc.

　　13. Henry Kressel & Thomas V.Lento(2010).*Investing in Dynamic Markets:Venture Capital in the Digital Age.*Combridge University Press.

　　14. Jan Viehig (2012). *Equity Valuation Models from Leading Investment Banks.* John Wiley & Sons,Inc.

　　15. Josh Lerner(2012).*Venture Capital and Private Equity:A Case Book.(Fifth Edition).* John Wiley & Sons,Inc.

　　16. Klaus M.Schmidt(2008).Convertible Securities and Venture Capital Finance.*Journal of Finance*,58(3),1139–1166.

　　17. Laura Lindsey(2008).Blurring Firm Boundaries:The Role Venture Capital Strategic Alliances.*Journal of Finance*,63(3),1137–1168.

　　18. Lorenzo Carver(2012).*Venture Capital Valuation Case Studies and Methodology.*John Wiley & Sons,Inc.

　　19. Masako Ueda(2010).Venture Capital and Innovation,*Working Paper.*

　　20. Richard Gottlieb(2013).*Venture Capital & Private Equity Firms:Domestic & International(16th).*Grey House Publishing.

　　21. Robert Dessi(2010).Venture Capitalists,Monitoring and Advising.*Working Paper.*

　　22. Robert W. Kolb, James A. Overdahl (2010). *Financial Derivatives Pricing and Risk Management,* John Wiley & Sons,Inc.

　　23. Sahlman,etc.(1990).The Structure and Governance of Venture Capital Organizations. *Journal of Financial Economics*,Vol.27.

　　24. Schwartz,E.S.& Moon,M.(May/June,2000).Rational Pricing of Internet Companies.

Financial Analysts Journal.

25. Tykvova T.(2003).The Decision of Venture Capitalist on Timing and Extent of IPOs. *Working Paper.*

26. Vinig & Haan(2002).How Do Venture Capitalists Screen Business Plans? Evidence from the Netherlands and the U.S.*Working Paper*,http://www.ssrn.com/.

27. Vladimir I.Ivanov & Fei Xie(2010).Corporate Venture Capital.*Working Paper.*

28. Wells W.A.(1974).Venture Capital Fecision Making.Unpublished Doctoral Dissertation:Camegie-Melton University.

29. Yael V.Hochberg(2007).Whom You Know Matters:Venture Capital Network and Investment Performance.*Journal of Finance*,62(1):251-301.

30. Douglas, Cumming (2010). *Venture Capital: Investment Strategies, Structure, Policies.* John Wiley & Sons,Inc.

31. Robert Dessi(2010).Venture Capitalists,Monitoring and Advising.*Working Paper.*

32. Masako Ueda(2010).Venture Capital and Innovation.*Working Paper.*

33. Henry Kressel & Thomas V.Lento(2010).*Investing in Dynamic Markets:Venture Capital in the Digital Age.*Cambridge University Press.

34. Chris Gilchrist(2011).*Investment Planning* 2011/2012:*The Advisers Guide.*Taxbriefs Financial Publishing.

35. Josh Lerner(2012).*Venture Capital and Private Equity:A Case Book.*(Fifth Edition). John Wiley & Sons,Inc.

36. Lorenzo Carver (2012). Venture Capital Valuation:Case Studies and Methodology, John Wiley & Sons,Inc.

37. Harry Cendrowshi, etc. (2012). *Private Equity, History, Governance and Operations,* John Wiley & Sons,Inc.

38. Richard Gottlieb(2013).*Venture Capital & Private Equity Firms:Domestic & International*(16*th*).Grey House Publishing.

39. Jan Viehig (2012). *Equity Valuation Models from Leading Investment Banks.* John Wiley & Sons,Inc.

40. David P. Stowell (2013). *An Introduction to Investment Banks, Hedge Funds and Private Equity:The New Paradigm.*John Wiley & Sons,Inc.

41. John Lerner,Ann Leamon & Felda Hardymon(2012).*Venture Capital,Private Equity and the Financing of Entrepreneurship:The Power of Active Inveting.*John Wiley & Sons,Inc.

42. Brander J., Du Q.Q.& Hellmann T. (2010).The Effects of Government-Sponsored Venture Capital:International Evidence.*Working Paper.*

43. Durufle(2010).Government Involvement in the Venture Capital Industry-International Comparisions.*Working Paper.*

44. Keusching C. (2009). Public Policy, Venture Capital and Entrepreneurial Finance.

Working Paper, University of St.Gallen.

45. Striukoval, Rayna T. (2009). Pulic Venture Capital：Missing Link or Weakest Link? *Entrepreneurship and Innovation Management*, 2009(9), 453-465.

46. Cumming D J.& Dai N. (2010). Local Bias in Venture Capital Investment. *Journal of Empirical Finance*, 17(3), 362-380.

47. Nahatu R. (2008). Venture Capital Reputation and Investment Performance. *Journal of Financial Economics*, 90(2), 127-151.

48. Gompers P. A., Kovner A., Lerner J., et al. (2010). Performance Persistence in Entrepreneurship. *Journal of Financial Economics*, 96(1), 18-32.

49. Chen H., Gompers P., Kovher A., et al. (2010). Buy Local? The Geography of Venture Capital. *Journal Urban Economics*, 2010(67), 90-102.

50. Harry Cendrowski, Louis W., etc. (2012). *Private Equity：History, Governance and Operations*. John Wiley & Sons, Inc.

51. Hill, S. A.& Birkinshaw, J. (2012). Ambidexterity and Survival in Corporate Venture Units. *Journal of Management*.

52. H. Canada & C. Chung(2011). New Compliance Rules are Headache for Small Firms. *Private Equity Analyst*.

53. S, Dai(2011). Revenge of the Strategies：Corporations Gain Upper Hand in Quest for Deals. *Private Equity Analyst*.

54. Lorenzo Carver(2012). *Venture Capital Valuations Case Studies and Methodology*. John Wiley & Sons, Inc.

55. Pitchbook(2013). *Annual Private Equity Breakdown*.

56. Pitchbook(2013). Private Equity Inventory Company Report, 2013.

责任编辑:刘智宏　卢　典
封面设计:毛　淳　徐　晖

图书在版编目(CIP)数据

私募股权投资基金协同机制研究/朱顺泉著. —北京:人民出版社,2015.4
(国家社科基金后期资助项目)
ISBN 978 - 7 - 01 - 014778 - 9

Ⅰ.①私…　Ⅱ.①朱…　Ⅲ.①股权-投资基金-研究-中国　Ⅳ.①F832.51

中国版本图书馆 CIP 数据核字(2015)第 078972 号

私募股权投资基金协同机制研究

SIMU GUQUAN TOUZI JIJIN XIETONG JIZHI YANJIU

朱顺泉　著

人民出版社 出版发行
(100706　北京市东城区隆福寺街 99 号)

环球印刷(北京)有限公司印刷　新华书店经销

2015 年 4 月第 1 版　2015 年 4 月北京第 1 次印刷
开本:710 毫米×1000 毫米 1/16　印张:11.5
字数:195 千字

ISBN 978 - 7 - 01 - 014778 - 9　定价:36.00 元

邮购地址 100706　北京市东城区隆福寺街 99 号
人民东方图书销售中心　电话 (010)65250042　65289539